《走向2049的国家发展战略研究》丛书

中国文化崛起的战略研究
从"十三五"到2049

李波 著

ZHONGGUO WENHUA JUEQI DE
ZHANLUE YANJIU
CONG SHISANWU DAO 2049

企业管理出版社
ENTERPRISE MANAGEMENT PUBLISHING HOUSE

图书在版编目（CIP）数据

中国文化崛起的战略研究：从"十三五"到2049 /李波著. — 北京：企业管理出版社，2019.11

（走向2049的国家发展战略研究/洪崎，贾康，黄剑辉主编）

ISBN 978-7-5164-2033-1

Ⅰ.①中… Ⅱ.①李… Ⅲ.①文化产业—产业发展—研究—中国 Ⅳ.①G124

中国版本图书馆CIP数据核字（2019）第218343号

书　　名：	中国文化崛起的战略研究：从"十三五"到2049
作　　者：	李　波
责任编辑：	郑　亮　　徐金凤
书　　号：	ISBN 978-7-5164-2033-1
出版发行：	企业管理出版社
地　　址：	北京市海淀区紫竹院南路17号　邮编：100048
网　　址：	http://www.emph.cn
电　　话：	编辑部（010）68701638　发行部（010）68701816
电子信箱：	qyglcbs@emph.cn
印　　刷：	北京环球画中画印刷有限公司
经　　销：	新华书店
规　　格：	170毫米×240毫米　16开本　11印张　175千字
版　　次：	2019年11月第1版　2019年11月第1次印刷
定　　价：	88.00元

版权所有　翻印必究·印装错误　负责调换

《走向2049的国家发展战略研究》丛书

丛书顾问

刘明康　刘世锦

丛书编委会
主编

洪　崎　贾　康　黄剑辉

编委（按姓氏笔画为序）

王　庆	王　诚	王广宇	白重恩	冯俏彬	刘　薇	许元荣
李　波	李万寿	宋　泓	张　瑾	张茉楠	张影强	金海年
洪　崎	姚余栋	姚枝仲	贾　康	夏　斌	徐以升	黄　锟
盛　磊	黄剑辉	董克用	管益忻	樊　纲	樊继达	魏　杰

《走向2049的国家发展战略研究》丛书

序

新供给经济学推进研究创新,是回应时代诉求和挑战的自觉努力行为。在创始初期,新供给研究团队就特别强调,不是为创新而创新,在世界金融危机冲击之下,主流经济学总体上必须进行反思,而反思应该有理性的高水平创新;在现实生活方面,在和平发展对接伟大民族复兴和现代化中国梦的关键时期,我们必须在转轨期间得到理论之光的烛照引领,要把理论密切联系实际取向下,新供给群体形成的"融汇古今、贯通中西"的现实努力,对接到我们站在前人肩膀上的研究成果之上,集大成地推进锐意创新,促进理性认识升华。这是研究者立身时代潮流当中的应有作为。

作为新供给经济学研究的重大研究项目,本丛书发布的面对中华人民共和国成立100周年的"中国2049战略"研究成果,反映了我们新供给经济学研究团队创立初期就确立的、在研究中必须明确"五年规划与四十年规划并重"的基本考虑,以引出制定基于全球视野的国家中长期发展战略,以及在前所未有的长期概念之下超越30年眼界并对接到实现"中国梦"时间段的综合发展战略。

新供给研究群体内的,以及帮助、支持新供给研究的专家,在国内研究界具有很大影响力。2014—2017年历经四年,大家共同致力于这项课题的研究:短中期而言,该研究形成的认识和成果正在对接即将具体化的"十三五"规划,以及2020年既定的全面小康目标的实现;长期而言,该研究要对接伟大民族复兴和现代化中国梦。中国正处于和平发展、和平崛起的关键时期，从现在到 2020 年，除了全面小康目标的实现以外，攻坚克难的改革必须力争按中央要求取得决定性成果，同时还必须实现全面的法治化与全面的从严治党。在经济转轨过程中，对攻坚克难的复杂性和任务的艰巨性已具共识的前提下，面对这一必经过程，我们更应努力提供理论供给的有力支持。

就目前学界相关研究现状来看，国内尚无 30 年以上大跨度的系统化专业课题和专项研究，国外 30 年以上视界的国家战略规划研究也极为鲜见。然而，我们已经从一系列值得称道的长期研究框架中得到重要启示，比如中国辛亥革命以后孙中山先生就通盘考虑过的"建国方略""建国大纲"，又比如"二战"后一些欧洲有远见的政治家注重考虑，最后引到现实生活，目前在整个世界格局里非常有影响力的欧洲货币联盟。中国改革开放的过程中，可以越来越清晰地看到，我们实际上就是按照邓小平 70 年眼界"三步走"的伟大战略构想，在一步步地往前运行。这些都给了我们非常宝贵的启示和激励。鉴于此，我们更应力求做好这一在具体形态上有首次特征的、超越 30 年眼界的规划性战略研究。

新供给经济学研究团队的长期发展战略研究，以具有优化顶层规划、助益科学发展、形成促进国家现代化治理的有效供给功能为目标，怀揣国人一直以来就推崇的全面长远的心胸和眼界，在所谓"不谋全局者，不足以谋一域；不谋万世者，不足以谋一时"的共识下，充分认识当下"四个全面"新时期，走向"强起来"新时代迫切需要顶层规划与底层创业创新两个层面的良性互动，深知从规划视角考虑有效供给，绝不能坐等微观、局部试错过程。新供给 2049 战略研究，正是力图从学理和实证综合上支持顶层规划，同时注意服务于基层民间的创新创业。

从智力视角分析，我们高度认同"智库"的重要性。习近平总书记特别强调，智库关联着各个国家在国际合作和竞争中打造软实力的供给竞争。民间独立智库，也是华夏新供给经济学研究院的定位，具有现代社会竞争发展、合作、供给进程中一定的不可替代性。新供给经济学相关研究的导向，既不是"官场规则"，也不是

"反对派规则",而是具有独立、公正、专业的学术严谨性诉求,把握创新中的规范性,努力形成全面、深刻、务实的导向,以战略高度上的洞察力对接具备建设性、策略性、可操作性的研究成果。

新供给 2049 的战略研究,致力于服务党的十八大、十九大提出的方针和战略部署的实施,以长期、超长期的视角,支持从当下到中长期、大纵深的科学决策,进一步聚焦进入中等收入、中高收入阶段的最关键时期,一直联通至前瞻中华人民共和国成立 100 周年。中国目前面临如何跨越"中等收入陷阱""福利陷阱""转轨陷阱""塔西佗陷阱"等一系列历史性的综合考验。"中等收入陷阱"概念在当下讨论中已引起轩然大波,虽然这个概念本身有其边界量化的一定"模糊性",但我们还是愿意强调:基于全球范围内的统计现象与中国发展中的矛盾凸显来判断,这是一个无可回避的"真问题",而且对于"中国梦"来说是顶级性质的"真问题"。"中国2049 战略"研究成果,愿与各方交流、互动,以期产生启发、促进功能和决策参考作用,催化全盘思维、工作要领和重点方案的合理优化,由此联系和助益天下苍生、民生社稷、国家前途、民族命运及世界未来。

面对时代的客观需要,新供给经济学研究群体作为有担当、有社会责任感的中国知识分子和研究者,志在把握"天下家国"情怀具象化的时代定位,为党的十九大提出的"全面建成小康社会,夺取新时代中国特色社会主义伟大胜利,实现中华民族伟大复兴"宏伟目标,做出应有贡献。

洪崎　贾康

2018 年春

《走向2049的国家发展战略研究》丛书

前言

从当下展望2049年，还有30年的时间。2049年已经被历史赋予了特殊的意义，这个中华人民共和国成立100周年的时点，也将是中国改革开放战略决策的总设计师邓小平当年所规划的以约70年的时间段（1980—2050年）经过"三步走"实现中华民族伟大复兴——习近平总书记生动表述的"中国梦"梦想成真的"除夕之夜"，是自工业革命落伍、落后的这个文明古国，终于凤凰涅槃般浴火重生、和平崛起的见证之年。

从"十三五"前瞻到2049年，做国家发展战略的系列化研究，是我们研究群体于"十三五"开局之前的自觉选择。经过骨干成员反复研讨，形成了一个主报告和十余个专题报告的通盘设计。在全体研究者的高度重视、共同努力下，终于在2016年年底使文稿初具规模，又经过几轮补充完善、反复修改打磨，最终将全部成果合成丛书，付梓奉献给读者。

面向2049年的国家长期发展战略研究，具有不寻常的背景：

一是伟大民族复兴愿景的召唤。中国这一人类历史上唯一古老文明没有中断的多民族大国，自以1840年鸦片战争为标志拉开近现代史帷幕后，曾一路积贫积弱，内忧外患，经甲午海战惨败、戊戌变法夭折之后，在20世纪陆续展开辛亥革命推翻两千年帝制，1949年成立中华人民共和国以及1978年后实行改革开放三件大事，终于在"千年之交"之后，站在现代化前两步目标提前实现的新的历史起点上，继续大踏步地跟上时代，一直推进到 2012 年中国共产党的第十八次全国代表大会开启经济、政治、社会、文化、生态"五位一体"全面布局的发展新阶段，经济总量已经跃升为全球第二位，并有望在未来不太长的历史时期之内上行至世界第一。2017 年党的十九大，进一步指出了在"强起来"历史新时代，新的"两步走"现代化奋斗目标：如能在人均国民收入提高进程中成功跨越"中等收入陷阱"，并继续提升硬实力、软实力而和平崛起，就将于 2035 年基本建成社会主义现代化，并把中国现代化的宏观蓝图在 2049 年的时点上作为竣工大成之品，以现代化强国之姿展现于世界民族之林——"我们从未如此接近伟大民族复兴的愿景"，这个愿景鼓舞和呼唤着我们以集体合作的方式，提供服务于"梦想成真"的战略思维和科研成果。

二是"行百里者半九十"艰巨任务的挑战。在改革开放之后成功地实现了超常规高速发展和经济起飞而进入中等收入经济体之后，中国的经济运行虽然在总体上仍然具有巨大的发展潜力、成长性和"黄金发展期"特征，但"矛盾凸显期"的特征接踵而来，各种制约因素的叠加，形成了自 2011 年以来告别了高速发展阶段并向必须认识、适应还要引领的"新常态"阶段转换，同时改革进入深水区，"好吃的肉吃光了，剩下的都是硬骨头"，必须攻坚克难冲破利益的藩篱，以实质性的国家治理现代化进程解放生产力，对冲下行压力，才能形成旧动能衰退后新动能的转换升级，使发展方式加快转变，使增长过程维护其可持续性与长远的后劲，避免重蹈世界上绝大多数经济体已有前车之鉴的"中等收入陷阱"覆辙，完成中国古语譬喻的"行百里者半九十"的现代化长征。未来 30 余年征程中的一系列艰巨的改革发展任务，形成了历史性的挑战和考验，为应对好这种挑战，经受住这种考验，必须有尽可能高水平的战略层面的系统化研究设计，对决策和相关政策的优化给予有力支撑。

三是以知识创新工程式的智力支持，助推冲破"历史三峡"的迫切要求。在党的十八大以来，最高决策层经三中、四中、五中和六中全会，将治国施政的核心理念和大政方针一步步清晰化的过程中，高度重视哲学社会科学的创新、中国特色社会主义政治经济学的发展和智库建议，继现代化国家治理、"四个全面"战略布局以及以创新发展引领协调、绿色、开放、发展而落实于共享发展的现代化发展理念得到清晰明确的表述之后，又提出了供给侧结构性改革的战略方针，认定供给侧是矛盾主要方面，而以有效制度供给纲举目张地要求将改革进行到底，冲破最终实现中国梦的"历史三峡"，这客观地产生了对于"知识创新工程"式的智力支持的迫切需要，亟须以走向 2049 伟大民族复兴的长期视野、战略研究，助推中国经济社会的巨轮涉险滩、闯激流，克服一切艰难与风险，达于现代化的计日程功。

在此背景下，新供给智库"中国 2049 战略"研究成果出版发布的时代意义，便呼之欲出了。

第一，这一系列丛书反映的研究创新是回应时代诉求和现实生活挑战的自觉努力行为。智库的创始与工作，并不是为创新而创新，而首先是基于全球视野——在世界金融危机冲击之下，对主流经济学总体上的反思与创新势在必行，而反思中应该有对应于中国道路、中国方案的理性的高水平创新成果。在以和平发展对接伟大民族复兴和现代化中国梦的关键时期，我们必须在转轨中得到理论之光的烛照引领，把理论密切联系实际取向下新供给群体形成的"融汇古今、贯通中西"的共识对接我们经过努力"站在前人的肩膀上"的研究成果，集大成式地推进改革，促成发展升级，这是研究者立身时代潮流当中的应有作为。

第二，面对中华人民共和国成立 100 周年的"中国 2049 战略"研究成果，反映了我们早期就确立的新供给研究中必须明确地把"五年规划与四十年规划并重"的基本考量。努力实施研究而来的这项成果，要引出制定基于全球视野的国家中长期发展战略，这是在前所未有的长期概念之下，超越 30 年眼界，对接到实现中国梦时间段的发展战略，即从具体化的"十三五"规划，以及 2020 年既定的全面小康目标的实现，进一步延伸至伟大民族复兴和现代化中国梦的实现。中华民族正处在和平发展、和平崛起的关键时期，到 2020 年，中央要求除了全面小康目标的实现以外，攻坚克难的改革必须取得决定性成果，同时必须实现全面的法治化和全面的从严治党——攻坚克难的复杂性和任务的艰巨性，催促理论与智力供给的有力支持。虽然在国内还没有出现过 30 年以上时间跨度的类似课题的系统化专项研究，也没有检索到国外 30 年以上视界的国家战略规划研究，但是我们可以从一系列值得称道的研究框架中得到重要启示：比如中国辛亥革命前后孙中山先生就考虑过"建国方略""建国大纲"；"二战"后一些欧洲有远见的政治家早已积极考虑，最后引到现实生活而在整个世界格局里产生重大影响力的欧洲货币同盟。在中国 40 年改革开放的过程中间，越来越清晰地看到，我们实际上就是按照邓小平的 70 年眼界"三步走"伟大战略构想，在一步步前行，这些都可以给智库的长期战略研究以非常宝贵的启示和激励。2017 年党的十九大进一步做出了 2035 年基本实现社会主义现代化、到 2049 年前后把我国建设成为现代化强国的战略规划。正是基于这种认知，我们以极大的热情投入并完成了这一在具体形态上有首次特征、超越 30 年眼界的规划性战略研究。

第三，这项长期发展战略研究具有优化顶层规划、助益科学发展、促进国家现代化治理的有效供给功能。从规划视角分析，中国人一向推崇有全面、长远的心胸和眼界，研究者都认同这样一种取向，所谓"不谋全局者，不足以谋一域；不谋万世者，不足以谋一时"。在十八大迈向十九大的新时期和十九大后的新时代，迫切需要顶层设计与市场微观主体两个层面的良性互动。"中国 2049 战略"研究力求从学理和实证方面支持顶层规划，同时注重呼应基层民间的创新创业。从智力支持视角分析，我们高度认同"智库"的重要性。习近平总书记特别强调智库建设，这关联着各个国家在国际合作和竞争中打造软实力供给的竞争。民间独立智库，也是新供给经济学研究群体的定位，具有现代社会竞争发展、合作、供应进程中的不可替代性。我们研究中的导向既不是"官场规则"，也不是"反对派规则"，而是具有独立、公正、专业的学术严谨性，把握创新中的规范性，力求形成全面、深刻、务实的导向，以战略高度的洞察力对接具备建设性、策略性、可操作性的研究成果。

第四，新供给智库关于"中国 2049 战略"的研究是各方共同应对时代挑战和中国现代化决定性历史考验的一项认知、交流和催化的基础工作。从"十三五"规划时期开始，"中国 2049 战略"研究具有"对应、涵盖但不限于"的特点，是把这些时点目标放在自己研究范围之内,再往前衔接,以长期、超前期的视角支持从当下到中长期的科学决策,聚焦进入中等收入阶段、中高收入阶段的最关键时期,是前瞻中华人民共和国成立百年而启动的系统工程式研究。我们内含的命题是如何应对"中等收入陷阱""福利陷阱""转轨陷阱""塔西佗陷阱"等一系列历史性的综合考验。"中等收入陷阱"概念屡屡引起争议,虽然这个概念本身有边界量化的"模糊性",但是我们愿意强调,它是世界范围内的一种统计现象的比喻式表述,是无可回避的"真问题",而且对于"中国梦"来说是顶级性质的"真问题"。研究的成果需要与各个方面交流和互动,以期待实现启发、促进功能和决策参考作用。我们愿以基础认识催化全盘思维、要领和重点方案的合理优化。各方面在启发、促进、交流的互动中,共同的努力也就关联了天下苍生、民生社稷、国家前途、民族命运及世界未来。

总之,我们从事这项研究、推出这套丛书的立场,确实是面对时代的客观需要,以智库研究成果与所有愿为中华民族伟大复兴做出贡献的人们互动,力求再接再厉,共同努力做好与"中国梦"相关联的研究和各项工作,以不负伟大的新时代。

贾 康

2018 年春

目录

导　言　2049 文化战略的研究意义再探 / 001

意义之一：说好中国故事、打造世界文化强国 / 002

意义之二：重温我党历史、找回文化舆论的领导自信、参与新的伟大斗争 / 003

意义之三：文化自信的来源：发现文明历史传统与社会主义核心价值观的渊源 / 005

第一章　2049 文化长期战略研究方法与关键结论 / 010

一、什么是文化战略 / 010

二、文化战略面临的三大问题 / 014

　　（一）社会内部秩序控制战略目标的偏差在加大 / 014

　　（二）结构性矛盾与价值观分裂 / 015

　　（三）转型期的"体制性两难陷阱" / 015

三、2049 文化战略研究路径 / 016

　　（一）研究范围、研究逻辑与研究目的 / 016

　　（二）研究方法的独特性 / 020

四、重要结论概要与政策建议 / 022

　　（一）关于产业塑造规律总结 / 022

　　（二）未来 30 年文化产业发展机遇与挑战 / 024

I

（三）关于2049文化战略目标的三阶段规划探索 / 027

（四）关于战略路径的区域化维度 / 030

（五）新供给经济学政策含义 / 031

第二章　文化产业战略研究学派与关键问题 / 035

一、当前文化战略研究的主要流派评价 / 035

二、当前文化产业研究的若干前沿问题思考 / 038

（一）文化产业定义及统计问题 / 038

（二）文化产业活动与国民经济循环、版权经济循环与内容无形资产 / 042

（三）文化产业投资的布局与效率问题 / 044

（四）关于文化产业改革方向的两种不同思路 / 046

第三章　文化功能决定论与基于国情的文化战略实践：理论与现实 / 052

一、关于文化的四大社会功能的论述 / 052

（一）文化的意识形态再生产与社会治理功能 / 053

（二）文化传统继承与传统创新功能 / 054

（三）文化软实力与文化霸权主义功能 / 055

（四）打造创意经济竞争力的文化功能 / 057

二、文化战略制定的国情环境——美国文化政策与战略目标的历史演变 / 058

（一）"战略自觉"阶段——树立美国文化自信，摆脱欧洲中心主义 / 058

（二）内部文化治理机制与多元化文化模式的探索与形成 / 060

（三）成熟文化帝国霸权阶段的特点 / 062

三、文化战略制定的国情环境——中国文化政策与战略目标的历史演变回顾 / 063

（一）社会变革与政治革命阶段的文化战略 / 064

（二）改革开放时期文化战略：防御型的控制与多元化发展政策 / 066

第四章 关于文化产业塑造的五个规律——国际经验借鉴 / 070

一、产业塑造规律一：政府之手无所不在、发挥关键作用 / 070

（一）法国案例：文化产业发展的民族独特道路 / 072

（二）韩国案例：制定产业目标、构建法律规范环境的组合扶持政策 / 074

（三）美国案例：看不见却又无所不在的政府资金援助之手 / 076

二、产业塑造规律二：高水平艺术原创需要"屏蔽市场竞争噪声"的实验环境和市场化发现机制 / 078

三、产业塑造规律之三：依法治理与行业自律结合的治理结构——言论尺度控制适度从宽，对创新者与创新技术挑战现有管理采取"灰度策略"/ 081

四、产业塑造规律之四：关于产业核心要素聚集的问题——城市/地区/国家如何营造吸引与留住产业人才的环境 / 083

五、产业塑造规律之五：数字化时代全球创意金融资本主义的运作特点 / 085

第五章 战略发展机遇与战略转型挑战的分析 / 089

一、四大长期战略发展机遇分析 / 089

（一）消费端将爆发巨大需求潜力 / 090

（二）供应端的"破坏性创新"机会 / 095

（三）供应端体制改革带来红利释放 / 098

（四）独特软实力资源——中国传统文化资源的转化与复兴 / 099

二、认识自身不足与战略转型的巨大挑战 / 101

（一）意识形态领域治理的挑战依然严峻 / 101

（二）区域"三元结构"——极其不平衡的文化消费设施与服务体系 / 103

（三）中国仍然是内容版权出口的小国 / 105

（四）缺乏国际话语权 / 106

第六章　战略体系目标设计、中长期目标规划建议以及目标可行性研究 / 108

　　一、关于目标体系规划 / 108

　　二、关于文化战略体系目标设计 / 110

　　　　（一）法国"文化例外"战略体系架构的三个主要特点：鲜明独特的理念，有效的中央集权体制与执行能力，三大支撑优势 / 110

　　　　（二）美国战略体系的特点是"三大力量＋三大支撑" / 112

　　　　（三）构筑中国文化战略体系必须"三管齐下"：理念转变、社会治理和三轮驱动 / 114

　　三、关于"十三五"规划目标的思考与建议 / 115

　　　　（一）与"十二五"规划的延续与衔接关系 / 115

　　　　（二）"十三五"产业发展的方向讨论 / 116

　　　　（三）"十三五"文化事业与产业发展的目标 / 117

　　　　（四）"十三五"目标规划的可行性与难点 / 118

　　四、关于 2025 中长期规划目标的设想与论证 / 124

　　五、中国文化战略的 2049 展望 / 130

第七章　2025 战略的发展路径与实施保障 / 137

　　一、文化 2025 战略发展路径思考 / 138

　　　　（一）全国统一的"现代文化市场"平台打造 / 138

　　　　（二）大力推进文化创意发展与移动互联网技术的深入融合 / 139

　　　　（三）大力推进文化创意与文化公益、金融创新、互联网金融的融合 / 142

　　　　（四）拓宽创意人才要素的供给渠道。不拘一格、多层次、多元化打造人才链条 / 142

　　　　（五）制定差异化的、"三元互动"分工互补、侧重不同创新的区域文化发展策略 / 143

二、2025 战略实施的保障 / 145

（一）战略实施保障支柱一：形成"'一臂之隔'+行业自组织"的间接管理模式 / 145

（二）战略实施保障支柱二：促进非营利社会组织 NPO 和文创类社会企业发展 / 147

（三）战略实施保障支柱三：全面推动依法治理要求的分步到位 / 151

（四）决策者和研究者关于文化治理理念与改革逻辑观念的彻底转变 / 152

三、关于 2025 国家级重大文化工程的设想建议 / 153

导　言

2049文化战略的研究意义再探

通过设计和实施长期文化战略来维护价值观和保护本国战略与主权利益、进一步运用文化产业全球化发展来传播自身价值观和达到内外"秩序"的治理，从来就是大国整体竞争战略的一个极其重要的组成部分。

2016年注定是一个不平凡的年头。随着欧盟危机的进一步深化，英国选择"脱欧"，随着在大选中"绑架"共和党人的特朗普入主白宫，不再向世界输出"新自由主义价值观"、开始实施美国优先的转型国策，世界步入了"后全球化""后真相"时代。在我们看来，人类世界面临几百年未有之大变局，进入了"新战国时代"。在这样一个不可逆、多极化的"新战国时代"，除了国家间科技与产业硬实力维度的竞争外，国家之间文化和意识形态战略吸引力之间的竞争就变得更加关键。

2014年开始，在华夏新供给经济学研究院资助下启动的2049文化长期战略研究到2016年结束，对于世界格局这样的深刻变化，作者也不是一开始就能够感受到的。

研究起初制定的三大目标为：一是总结从2000年以来中国与世界该领域专家关于文化产业战略的研究成果，对世界主要大国和中国的文化产业战略实践经验教训进行深入的分析、检讨和归纳；二是在盘点中华文明史研究中最新文化成果基础上、结合社会主义核心价值观实践与文化自信实践的需要，构建主流价值内在化、生活化的合理模型与新治理框架；三是总结文化事业体制改革、文化市场开放的实践，论述"十三五文化发展规划"关键抓手，进一步提出2049文化中长期战略蓝图、发展目标和实施路线图的设计构想。

现在看来在三大目标之外，其实还有一个文化强国软实力的重要目标，在"新战国时代"背景下、在"一带一路"倡议、构建人类命运共同体设想提出5个年头的时刻，我们反思2049文化战略研究的意义，更加宏大也更加深远。

意义之一：说好中国故事、打造世界文化强国

制定现实可落地的文化战略与长期战略目标，首先，支持社会主义核心价值观内在化、生活化、与艺术化，成为民众日常生活的价值选择；其次，帮助腾飞的创意产业更好地融入中国制造创新与品质提升，支持中国这个未来世界第一大经济体的创新驱动发展；最后，帮助重新崛起的中国以"文明型国家"姿态与当代其他文明平等对话[①]，各美其美，和而不同，帮助实现"一带一路"倡议中的"民心相通"。

党的十八届三中全会《中共中央关于全面深化改革若干重大问题的决定》鲜明地提出了未来三十五年的文化发展战略愿景：建设社会主义文化强国和增强国家软实力；坚持社会主义先进文化前进方向，大力培育践行社会主义核心价值观，巩固社会各界的共同思想基础；勇于面向世界，尽快形成与我国经济社会发展水平和国际地位相适应的文化软实力。

只有当我们通过文化的力量，说好中国故事，将社会主义核心价值观内在化，成为民众的日常自觉行动的价值选择，才能够成为社会的巨大凝聚力量，克服当下一部分人在国家、历史和体制认同方面出现的认知偏差与历史虚无主义立场，才能真正巩固社会各界、各族人民的共同中华思想基础，才能打造出名副其实的当代"中国梦"，如图0-1所示。同时，胸怀天下，实现构建"人类命运共同体"的世界

---

① 见复旦大学中国研究院院长张维为教授的新作《文明型国家》，上海人民出版社，2017年。

强国之理想抱负。①

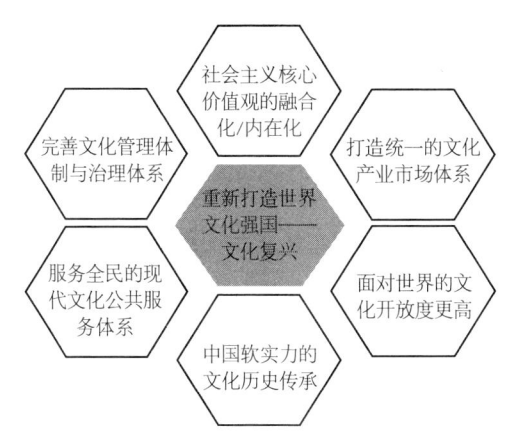

图0-1　重新打造世界文化强国

（图中文字）
- 重新打造世界文化强国——文化复兴
- 社会主义核心价值观的融合化/内在化
- 打造统一的文化产业市场体系
- 面对世界的文化开放度更高
- 中国软实力的文化历史传承
- 服务全民的现代文化公共服务体系
- 完善文化管理体制与治理体系

社会主义核心价值观只有成为民众的自觉行为方式和融会于民众的日常生活方式的价值选择与表达，才能成为提高国家文化软实力所需要的凝聚力量。——胡惠林教授

意义之二：重温我党历史、找回文化舆论的领导自信、参与新的伟大斗争

回顾历史，共产党的早期领导人都是五四新文化运动引领人物与旗手，在国共两党当年相争天下民心之时，共产党首先是在思想上和文化上赢得了斗争，才能够统一内部的思想和外部同盟军的思想，从而最后在军事斗争上取得胜利。从某种意义上说，国民党政权不是被中共的枪杆子打败，而是被中共的笔杆子打败的，因为中共代表了先进的文化革命的历史发展方向。

尽管共产党当时缺乏作为一个执政党的经验，尽管毛泽东本人当时没有接触到葛兰西的文化霸权理论，但是二人对文化意识形态的思考及高度强调文化在建设新社会意识形态的作用方面，看法非常接近。毛泽东提出革命的事业需要"工农知识分子"，

---

① 关于打造世界命运共同体的必要性和愿景，见联合国组织的哥本哈根论坛社会发展宣言，《建构世界共同体》，哈佛燕京学社主编，江苏教育出版社，2006年。

在葛兰西那里，就是"有机知识工作者""革命文化，在革命之前，是革命的思想准备；在革命中，是革命总战略中一条必要和重要的路线。"1940年，在《新民主主义论》中，毛泽东提出了经济、政治、文化三位一体的战略目标："我们共产党人，多年以来，不但为中国的政治革命和经济革命而奋斗，而且为中国的中华人民共和国文化革命而奋斗……建立中华民族的新文化，这就是我们在文化领域中的目的。"①

也是基于新民主主义理论与道路自信，周恩来与他的团队在重庆、在香港、在上海，通过"文化统一战线"，在国统区争取了一切可能的知识精英与文化大师们同情延安的事业，在1949年，正是这批文化名流从各地辗转来到北京参加全国政协、为中华人民共和国奠基。在20世纪50年代，也是这批中共的朋友纷纷激动地召唤自己在海外留学的亲朋好友回到祖国的怀抱，参加现代化建设。

我们关于文化战略的研究结果表明，文化的开放度和自信度越强，宣传意识形态的手段就越是柔性化、隐形程度也越强；软实力越是隐形化，对内部、外部环境的控制与治理力度也越高。在中共执政接近70年、改革进入"深水区"、文化宣传患"体制两难"症状的今天，必须坦诚，我们的软实力显得更多是一种自我宣传的结果，控制手段也与柔性化境界相去甚远，防守的文化政策加上官方文化僵化语言，不仅容易导致舆论治理困难，也会因此失去发挥对内凝聚共识、团结不同阶层社群、特别是知识分子的作用。问题出在何处？我们认为，问题一是出在关于社会主义文化理论的贫乏与实践创新勇气的缺乏，二是在关键的宣传意识形态岗位上，缺乏有专业素养和全心全意投入事业的"有机知识工作者"。

中共各级领导人回顾历史，要像毛泽东研发出新民主主义的理论与政治历史哲学一样，在今天的新一轮马克思主义中国化的伟大斗争中，结合现代化与后现代化社会发展中一系列当代问题的重大实践，"知行合一"地研发出中国版的"社会主义文化论"②。在新形势下，找到一条建设红色文化资本，借助和壮大社会文化资本，与

---

① 《毛泽东选集》第2卷，人民出版社1991年版，第663页。
② 见复旦大学中国研究院吴新民老师的新作《再造文明：马克思主义与中国》2017年，上海人民出版社，可以全面了解中共在转化中华文明优秀传统方面的历史与最新努力。

科技互联网资本、产业资本、劳动大众阶级结成新时代的文化统一战线①。作者预见，最后的新时代文化统一战线的成功，是新文化传播创新者在80后、90后崛起的一批文化与资本优秀人才中，启发和引导其中最有影响力的那些年轻人走上中国社会主义伟大理想的实践道路。应该说，我们今天可以看到胜利的曙光。

意义之三：文化自信的来源：发现文明历史传统与社会主义核心价值观的渊源

文化自信是更加重要的自信。按照法国年鉴史学派布罗代尔的关于资本主义定义和方法论，我们在文化战略研究中发现，儒家传统代表的中华文明基因中已经有相当的普世性、现代性，早具备与社会主义价值观对接的丰富土壤。

从战国到秦汉时期的社会经济发展历史看，中国早就形成世界上最发达帝国、最发达官僚制度、最自由市场经济②；唐宋又成为世界上最早世俗化的社会。我们文化自信的经济历史基础是：中国人已经历过世界上最为发达的商业资本主义形态。③可惜受欧洲中心论的影响，包括从韦伯到写过《资本主义的本质与逻辑》的

---

① 如何坚持立场、同时敢于向西方自由派和右翼保守主义对手学习、放手提拔一批能够承担责任的、高度自觉性的文化工作宣传工作的年轻干部，给予大胆创新试错的机会，是新文化统一战线成功的关键。
② 见王亚南先生的《中国官僚政治研究》，中国社会科学出版社，1981年；王小强，《千古执着大同梦》，大风出版社，2013年；也见傅筑夫先生，《中国古代经济史概论》，中国社会科学出版社，1983年；贡德·弗兰克，在《白银资本——重视经济全球化中的东方》一书中批判了韦伯等人的经济社会发展史的欧洲中心论，中央编译出版社，2008年。那些关于明清时期"中国资本主义萌芽"的研究，实在是受到直线历史发展观误导的产物。
③ 若问为什么在中国商业和农业资本主义土壤上没有爆发工业革命？同样也可以问为什么荷兰的商业和船舶资本主义发达也没有导致发生原生态的工业革命？通常研究者可以提供很多解释（主要是影响资本积累模式与技术进步导入的那些因素，其中如行业规模，人口因素、创新、能源获得难易度是所谓关键因素，也包括长子继承制，欧洲军事战争的强度等）。为什么中国人没有先发现美洲？如果发现了中国人会不会开采和生产大量白银，就会不会持续保持领先地位？类似问题的链条可以持续延伸下去。见文一，《伟大的中国工业革命》，清华大学出版社，2017年；白果，阿格列塔（合著），《中国道路——超越资本主义与帝制传统》，格致出版社，2016年。

Heilbroner，以及《全球化时代的资本主义》的作者萨米尔·阿明这二位历史眼光极其宏达和敏锐的左翼经济史大学者，都在研究中把"前资本主义社会"的那个社会时期定义分别为朝贡体系、封建社会和古代帝国，都比较客气地把中国明朝纳入朝贡体系。

作者以为，儒家学说中含有较多的社会主义平等因素，比如"耕者有其田（均田）"及"限田""抑商"、打击豪强等主张，不是因为儒家学者人本主义"思想早熟"的缘故，而是因为这些学者和政治家目睹老百姓深受商业资本主义之苦，针对高度市场化的实践出现兼并的不良后果，为了江山稳定，采取重大社会平衡政策的实践结果。

战国时期重商主义思想流行，秦国能够统一中国的一个制度优势是它彻底的土地改革，对生产力的解放比六国更加充分。但汉朝执行更加彻底的土地私有化政策之后一段时间，商业资本积累（无处可去）进入土地兼并，结果就是悲剧性的：大量流民、被剥削的雇佣劳动者阶层出现了，他们对社会稳定的破坏是巨大的。"古者税民不过什一。（如今）富者田联阡陌，贫者亡立锥之地。或耕豪民之田，见税什五"（董仲舒）；"（豪强）不为编伍一长，而有千室名邑之役。荣乐过于封君。"而巧取豪夺之下"田无常民，民无长居"，农民们"被穿帷败，寄死不敛，冤枉穷困，不敢自理"（仲长统）。

市场经济"看不见的手"带来如此破坏性结果，儒家社会主义思想自然得到上下的支持，《剑桥中国秦汉史》的一位作者看来颇受布罗代尔年鉴学派的影响，指出"王莽新朝的建立标志着汉代儒家理想主义的顶峰"，后来民国的胡适也为王莽翻案，认为王莽和他的团队提出了人类历史上最早觉悟的社会主义理论纲领。[1]

从对当代资本主义的批判和北欧国家带有社会主义实践性质的制度安排来看，

---

[1] 王莽的操盘团队由于缺乏经济管理与变革管理的经验，步子太猛、计划干预太细，最终货币改革失败，导致天下动荡、民众苦不堪言，终结为期14年的改革。后来的王安石、张居正的改革吸取了他的教训，走得平稳多了。虽然今天仍然说王安石变法不成功的论调多，但在北宋王安石新政路线前后坚持了70多年，为北宋财政好转做出巨大贡献，还是应该被称为成功之作。

社会主义价值观应当表现的特征至少包括以下 4 个维度。

- 集体利益相对优先于个人。
- 公民个人风险的安全保障网络（医疗、家庭和社区）。
- 关注相对平等的感受（人尽其才）。
- 促进社会阶梯的流动性、给予个人较大的自主选择权（教育平等）。

再来对照一下儒家传统价值观在这 4 个维度的表述。

- 公正：均贫富，天下为公。
- 保障：老吾老以及人之老，幼吾幼以及人之幼。
- 保留选择权：利用市场经济，各尽其能。
- 社会流动性/平等：抑制豪强（大资本），打击兼并（垄断与权贵），以及商人不得为官等。

因此，作者坚信，在导入、消化、融合人类社会文明的优秀理念之后，中国当下改革开放伟大实践有可能创造一种能够驾驭资本和市场体制的、分享包容发展型的社会主义价值观体系。它提供平等与选择：国家提供教育平台，使公民各尽所能；它提供社会保障：国家通过强力的再分配减少贫富差距，建立社会保障制度；它善于利用和制约市场：通过市场资源配置保持竞争力，按照劳动、资本、管理要素贡献完成一次分配；它干预市场垄断带来的结果不平等，政府节制资本，使私人财富使用符合公正性、人性化。

跨度为 2 年的研究形成了若干具有自己特色的成果：①总结出了国际文化产业发展的五大发展规律与政府角色的关系；②建构了跨度 30 年的预测研究模型，量化研究技术革命、人口结构、代际消费革命与文化生产方式创新意义，产业规模的变化趋势与幅度，并且完成2049中国与美国、日本、印度等文化与经济大国长时间跨度的量化发展比较；③为从现在起到2049年我国文化产业发展的总体目标、战略重点和实现路径等，提供一份路线规划图；④描绘了分别到2025年和2049年不同阶段国家软实力战略与文化强国的结构性目标、创新重点及关键成功要素；⑤为我国总体文化治理结构的现代化，提出若干战略建议。就是从今天来看，这些成果也还是有着自身的理论和政策价值。

作者今天感到遗憾的是，受限于研究时间要求与本人领域知识的欠缺，本书最终在理论创新、方法创新方面突破不够。作者期待在以后的研究项目中，能够有机会再与本领域的有识之士共同努力，从文明史发展与价值观演变结构规律出发，建构文化战略广义理论的新概念、新主张，站在历史和时代的高点上，贡献一个更宽、更扎实的文化冲突与文明融合的理论框架。

在此，作者还要对在研究中得到的无私帮助表示诚恳的致谢。在研究框架、目标设定与核心问题定义、改革背景与文化产业发展规律的梳理方面，中国科学决策研究院院长管益忻老先生，时任中国人民银行金融研究所所长姚余栋先生，民生银行研究院院长黄剑辉，中国社会科学院文化研究中心贾旭东研究员都给予了极有价值的建议，作者受益匪浅。另外，上海尚道管理咨询有限公司高级经理刘畅女士具体完成本研究预测模型搭建与实际数据计算工作，唐海燕女士负责了大量资料收集整理及图表制作工作，没有她们的付出，本书不可能以专业化的面貌展示给读者。当然如有各种错误，皆由作者本人负责。

参考文献

[1] 白果，米歇尔·阿格列塔. 中国道路——超越资本主义与帝制传统[M]. 上海：格致出版社，2016.

[2] 萨米尔·阿明. 全球化时代的资本主义[M]. 北京：中国人民大学出版社，2005.

［3］哈佛燕京学社主编.建构世界共同体［M］.南京：江苏教育出版社，2006.

［4］傅筑夫先生.中国古代经济史概论［M］.北京：中国社会科学出版社，1983.

［5］贡德·弗兰克.白银资本——重视经济全球化中的东方［M］北京：中央编译出版社，2008.

［6］毛泽东.新民主主义论［M］//毛泽东选集第2卷.北京：人民出版社，1991.

［7］王小强.千古执着大同梦［M］.中国香港：大风出版社，2013.

［8］王亚南.中国官僚政治研究［M］.北京：中国社会科学出版社，1981.

［9］文一.伟大的中国工业革命［M］.北京：清华大学出版社，2017.

［10］吴新民.再造文明：马克思主义与中国［M］.上海：上海人民出版社，2017.

［11］张维为.文明型国家［M］.上海：上海人民出版社，2017年.

第一章

2049文化长期战略研究方法与关键结论

一、什么是文化战略

文化战略的研究通常会涉及三个不同的维度：价值观再生产维度、文明竞争维度和后工业化时代创意经济制高点竞争维度。

价值观再生产维度指出，文化战略关系到国家治理体系的运作，国家治理离不开文化符号实施的社会控制功能系统。作为社会学家的韦伯曾经指出，人生活在其所编织的意义之网中。这个意义就是文化所赋予的，文化就是关乎人类创造的符号系统的意义——价值的再生产。西方现代马克思主义鼻祖之一葛兰西在狱中提出"文化领导权"（文化霸权）概念，他将统治者通过文化来塑造、影响大众价值观的"意识形态功能"称为国家的"隐形治理权"。[1]

从中性来看，作为符号系统、行为规范机制与心理操控技术的文化领域，其社会控制的战略功能体现在建立"共识秩序"与低成本的"心理控制"两方面。从这个维度出发的战略研究，其重心放在诸如文化发展对于价值观的塑造与传播贡献、文化对于社会行为模式塑造、社会变革与价值观演变、自身强化机制等问题。

---

[1] 安东尼奥·葛兰西：《论文学》，吕同六译，人民出版社1983年版，第2页。

我国古代思想家和政治家也从秩序问题入手，高度重视文化的价值观功能的。从著名的管仲名言"仓廪实则知礼节，衣食足则知荣辱"，到孔子高度重视礼乐教化的一系列重要忠告，"未若贫而乐，富而好礼者"，"道（导）之以政，齐之以刑，民免而无耻；道之以德，齐之以礼，有耻且格"①，都是在强调文化与社会教化、阶级融合的关系。

从孔子的"礼乐不兴，则刑罚不中"来看，孔子显然与葛兰西看法一致，认为用礼乐这样柔性的"隐形治理"，从成本效益和可持续性来看，效果好过赤裸裸的国家暴力——刑罚。从实践的效果来看，中国从轴心时代的后期形成帝国制度开始，从物质文明享受、精神自由宽松到社会管理模式等，长期领先世界其他主要文明区域1700～2000年，这不能不归结到中华文化的融合治理作用得到发挥。②

文明竞争维度是涉及不同文化空间之间竞争的形式、策略与力量的较量。按照布迪厄的场域理论或者福柯的空间权力场分析，强势文化的符号象征资本和话语权力，将对于被作用的弱势空间持续产生某种重构压力，在福柯传统下成长的学者马特拉致力于揭穿传播与"权力场"的共谋关系：大众理解的世界乃是传播话语权与传播技术权结合的结果！在资本主义世界体系下，意味着垄断资本控制的中心区域，相对边缘区域，形成了话语霸权与文化生产标准的评判。③这种话语权服务于资本的压迫逻辑。在约瑟夫·奈的语汇里，是不同文化（国家）主体之间软实力的较量，也可以套用亨廷顿更加直白的表达，文化的较量实际上是"文明冲突"战略的某种高级层次。

最后，关于关于产业政策战略维度。随着实体制造经济地位下降，后工业社会

---

① 儒家孟子一派主张差等的爱与仁，即承认阶级差别、分配差别。因此，更加需要当权者通过用"礼乐"来调和下层阶层的不满与阶级冲突、实施柔性的控制与治理。孔门的六艺学科中必须有乐，孔子心中理想的君子必须通晓琴乐声律，才能够政通人和。同样，反映百姓心声的艺术也可以用来教育统治阶级、提醒他们的履责义务，孔子编撰的《诗经》三百中很多篇是在针砭、讽喻当权者的。"诗，可以兴，可以观，可以群，可以怨。"
② 张维为：《文明型国家》，上海人民出版社2017年版。
③ 阿芒·马拉特：《传播的世界化》，朱振明译，中国传媒大学出版社2007年版，第141页。

广义的创意娱乐经济成为社会核心产业。因此，创意产业战略概念的提出是在去工业化最早的英国。[①] 在这个特殊定义之下，文化战略的研究维度是产业政策，即地域性产业要素聚集规律如何受到国家间博弈政策／法律及市场的驱动影响；如何通过政策干预等有形的手、加快战略性的高级禀赋资源的配置；从而能够对未来产业业态的形成轨迹和空间扩张规律从预测到加以塑造。

转型期的中国文化战略研究不得不涉及全部三个战略维度：①价值观的压力，因为传统文化价值的传承与现代社会主义价值观内在化、当代化需要；②文化安全空间的压力，因为西方强势的文化意识形态通过高度现代化、立体化的产业传播机器、在互联网空间以享受链接的方式持续渗透；③经济升级的压力，因为后工业时代到来，创意竞争力成为中国制造品牌攀升价值链的重要驱动力。

2002年的中共十六大会议，第一次从国民经济和社会文化协调发展的高度做出了"要积极发展文化事业和文化产业"的战略决策，文化产业发展第一次提升到国家战略层面。接着是中共十七大提出的"四位一体"战略中更加突出了文化的地位，不过在政策实践层面出现的却是GDP主义唯一的导向。文化创意产业和经济实用主义的看法左右了国家相关投入决策，如在2008年金融危机之后，地方政府把大力发展号称是逆周期的文化产业提升到应对经济下滑的GDP抓手高度。比如，在十一五规划期间文化产业园投资建设一哄而上，全然不考虑条件和资源禀赋，创意与动漫产业园几乎成为每一个地方规划纲要的必有科目；再比如，各地不顾文化事业的公共产品性质，纷纷压缩公益类型文化事业团体的经费与编制，强制剧团市场化转型等。

从2002年至今，文化战略研究在我国已经完成奠基、发展为一门官学结合的显学了，但对各个学派详细分析后可以发现，过去十多年的文化战略研究，虽然涉及我国文化产业发展战略的重要领域，提出了不少有针对性的观点，但所有这些研究都属于"对策范式"下的局部性研究。对外，鲜有为国际学术界所瞩目的文化战略

---

① 英国布莱尔政府在1997年听从经济学家约翰·霍金斯（John Hawkins）的建议，开始大规模地把创意产业作为英国的战略性产业，制定并且成功实施创意产业规划，霍金斯因此也被称为"创意产业之父"。

理论模型①；对内，在改革方向与根本目标的指导上，也还远远没有出现有共识的理论框架。

近年来，同时从三个维度对中国文化发展战略进行整体性研究，并提出比较完整理论体系和战略实施路径的，只有胡惠林教授的《中国文化产业发展战略论》可以成为代表入选，本书的第二章也会对胡教授的观点给予详细介绍。从全球化时代文化空间竞争维度来研究软实力战略与对策的学者较多，其中代表性较强的两位：一是花建教授基于实证调研数据基础的《文化软实力：全球化背景下的强国之道》。②二是王岳川教授借鉴一系列文明融合与冲突的、近代史、现代史比较研究的最新成果，主张实施"太空文明时代的文化守正创新""回归经典同时创新经典"的软实力战略。③这里要提到的是哲学家赵汀阳先生"天下体系"概念可以归属于文化守正创新类型，这是中国学界参与建构新全球秩序治理话语权的重大成果之一。④

文化产业战略维度其实属于广义文化战略的一部分。全球互联互通的今天，市场与商品化资本无所不在的今天，离不开产业资本逻辑。但是，发展文化产业的根本目的首先不是为了 GDP 增长，而是以市场化方式更好经营文化要素资源、以产业化的途径实现社会文化事业的经营现代化、经营专业化、经营可持续化；文化事业成功建设就能进一步服务于增强社会凝聚力、固化价值观内在共识、传播中国社会秩序吸引力，从而实现国家对内的柔性化、隐形治理，对外的不战而屈人之兵（"文治"胜过武功）的影响力。

因此，在眼下谈文化战略的实施已经离不开文化产业经营战术。借用中国哲学

---

① 赵汀阳先生的"天下"治理体系，是一个例外。
② 花建教授基于对中国多个地区和美国、日本、欧盟、澳大利亚等国家和地区深入调研，设计了文化软实力的统计指标，研究了主要国家文化软实力发展的模式、指数和经验，提出了中国面向 2020 年的文化软实力发展战略和应用对策。
③ 王岳川，胡淼森：《文化战略》，复旦大学出版社 2010 年版。作为一个艺术实践者和艺术评论家，王岳川先生对于中华文明艺术精髓有很深的理解。总体上看中国学者已经从传统中获取了文化重生的薪火，试图以经典整合人类普遍价值观演化最新成果，参与到国际学术创新对话的过程中，以获取话语系统权力。
④ 赵汀阳：《天下体系——世界制度哲学导论》，中国人民大学出版社 2011 年版。

中的"本体不二论"，我们或者勉强以"文化治理战略"为本、以文化产业战略为用来定义二者的关系。本书后面章节中，作者将在这个意义上使用和区别这两个概念。有时候，我们也会用文化建设发展来通指文化治理事业与文化创意产业的发展。

二、文化战略面临的三大问题

文化战略研究的需求是紧迫的，也是现实的。随着我国作为新兴大国的全球地位上升和"一带一路"倡议的逐步明确，对内，我们要弘扬中国文化和社会主义核心价值观，用"中国梦"来统合调动全国人民的拼搏向上精神；对外，则需要以文化软实力来支持中国"一带一路"倡议中的民心相通，支持中国企业在全球更加有效地开发市场、整合资源、布局研发。在中共十八大的"五位一体"总体布局目标要求下，文化体制改革也进入新的阶段。必须认识到，一方面，我国文化产业的传统格局在发生巨大变化，尤其是 BAT 和新媒体公司（如头条、爱奇艺等）大举进入文化产业、移动互联下自媒体传播阅读习惯、新媒体和人工智能结合等全新趋势，呼吁新的治理结构与产业引导；另一方面，面临深化改革"体制两难陷阱"内在压力与社会转型期新老矛盾的长期积累，价值观共识的内在化需求也比以往来得更加迫切。归纳起来有三大问题和挑战。

（一）社会内部秩序控制战略目标的偏差在加大

偏差加大的技术原因，是移动互联网使传统文化生产与传播方式发生了颠覆。意义与符号的生产与市场传播技术手段，在很大程度上决定了表达形式及内容被接受的程度。即使在传统电视与报纸书籍为主流的媒体黄金时代，主流文化也很容易被新兴的"亚文化"[①]潮流而"稀释化，同时，数字化媒体时代的传播表达形式越来越碎片化、即时化、娱乐化与偶像化。

---

① 所谓"亚文化"是相对而言的。像金庸的武侠、邓丽君的歌曲在改革初期开始流行被视为亚文化，现在则已经完全"主流化"了。在美国爵士乐的遭遇也是类似，从被打压到步入主流殿堂。

偏差加大的外部原因，是面临外部霸权意识形态压力，弱话语权主流意识形态有进一步僵化的危险。个别的媒体文化人"反体制"的公知姿态与潜意识——所谓知识分子唯有通过批判的声音才是在履行推动社会进步责任，其实是一种被"西方文化霸权"洗脑的不自觉意识流露[1]，导致"主旋律论"、守土有责等"被动防御"模式进一步强化，虽然不可持续、但也不得不为之[2]。

偏差加大的后果是社会内部秩序维持的成本加大。在利益与价值观多元化现实中、在数字化技术条件下、在碎片化传播空间中，主流意识形态如何实现再生产和有效传播，明显经验不够；在社交媒体的"后真相"放大效应空间中，当政者处理文化领域的异议声音与脱轨行为时，容易滑入"两难陷阱"。

（二）结构性矛盾与价值观分裂

关于转型社会中效率与公平，国家与个人，公正与自由，市场与政府，等等产生了一系列基于价值观的问题。可以说缩小当下中国社会知识分子间的价值观对立的处理难度，比改革开放早期20世纪80年代要大得多。因为20世纪80年代时候，社会阶层分化程度比今天要低许多。

（三）转型期的"体制性两难陷阱"

依法来规范符号与意义的生产与传播行为和处理争议，是文化领域依法治理的追求目标，也是有效的社会冲突调控机制。任何国家的政府部门直接干预文化事务、制定言论自由尺度，都会招致公众反感，起到负面的激化对立作用。这是因为政府机构代表往往专业性不够，很难处理文化艺术领域千变万化事物的对错标准。

这里重要的政治考虑是，一旦公权力不够专业的干预常需要自我纠错的话，机

---

[1] 通过对乌克兰颜色革命等骚乱背景势力的分析，我们可以看到外部势力介入文化意识形态领域的后果。
[2] 19世纪中期在讨论德国关税同盟时候，英国把握时代的世界文化与意识形态的霸权，德国大学教授及很多记者都是自觉不自觉地帮助英国宣传自由贸易市场的价值观，国家主义学派反被孤立、边缘化。历史主义学派经济学家李斯特把这些知识分子愤怒指斥为"英国文化特务的渗透"。

会成本就比较高，且纠错时间比较长。聪明的做法是尽量采用法律途径/技术来裁判与协调文化事务的争议，避免政府直接陷入舆论的被动。

在现实中，对于儿童心理成长保护、性表达尺度与风俗及言论自由尺度的管理与治理，并没有一部有操作性的法规或者一套成熟的判例积累可以依赖；文化影视和游戏制作行业的自律性还很不够；直到现在中国影院上线电影也仍然是不分级的；言论自由需要自律这一点仍在启蒙中。

基本上是出于无奈，文宣部门也只好采取一事一议、行政干预和按照部门利益标准来实施管理，这种微观的干预模式与期望中"依法治理"宏观调控模式的矛盾，被称之为"体制性两难"。面对这样的挑战与难题，我们要加快研究推动文化事业改革与发展的新框架与新思路，实现党的十八届三中全会提出的建立国家现代治理体系的目标。

三、2049文化战略研究路径

（一）研究范围、研究逻辑与研究目的

虽然本研究切入文化战略维度和胡惠林先生、王岳川先生有类似之处，但依据文化功能的理论，对于美国过去80年和中国100年基于自身国情实施文化战略目标的过程、功过及经验进行的整体性、历史性总结，是将本研究与目前各种对策性研究区别开来的关键之处。

毛泽东和共产党领导的新民主主义革命成功，实在是政治、经济、文化三大战略、三大斗争结合的成功，这个结论在过去20年的文化战略研究中却被系统忽略掉。就作者所知，只有张旭东先生在对1917—2007年的90年共和国历史根基的梳理中，坚持了政治、经济与文化的整体性分析方法[①]。相比之下，胡惠林先生关

---

① 张旭东：《文化政治与中国道路》，第一部分"人民共和国根基的确认"，第3-84页，上海人民出版社2015年版。

于过去 100 年历史发展可以按照政治治理、经济治理和文化治理三阶段划分的解释，就忽视了三大斗争在历史上的有机结合，也严重忽略了文化政治斗争在每一个历史阶段的主导作用。

与胡、王二位文化战略框架研究的不同之处还在于，我们试图将研究范围拓展更加宽泛些，既不仅是以中国观察者视角讨论中国文化产业的问题，也试图作为一个世界文化产业发展观察者，利用更宽泛的研究资料与数据，总结文化产业塑造的一般性规律、提炼出国家文化战略目标体系的自我强化循环形态，从而试图建立一个中国文化战略过程的参照体系。虽然关于这个参照体系的理论自洽性，还可以展开更多的历史与逻辑层面论证，但其政治经济学含义却是清晰的：文化产品的提供与传播具有强烈的公共产品外在性，每个国家都在试图用自己合适的方法，通过政府、社会与法律之手来实施"文化例外"政策。

基于这样的思考逻辑，我们的研究与其他绝大多数在"市场化改革目标范式"下的文化战略研究也就区别开来了。许多这样的研究是针对市场化改革目标的策略与逻辑展开的，其要害关切通常都是在解决文化国资管理，产业政策制定依据，文化市场发育程度，政府干预失灵等问题中，如何更好地发挥市场对于资源配置的基础性作用。

只可惜这些研究者往往忘记了市场不是万能这个常识。印度文化产业一直是高度开放和市场化的，我们欣赏宝莱坞，但是我们不会把宝莱坞作为中国文化产业发展目标，因为印度的高度市场化环境没有培养出世界级别的电影精品和艺术人才，印度电影界的后起之秀多半是在南加州电影学院培养的，那是诞生了《星球大战》导演制片人卢卡斯的地方，他们中不少人的理想就是能够留在美国好莱坞发展。近年来，在中东、印尼地区，印度电影电视的传统竞争力受到来自东亚文化区的韩国的巨大挑战，而韩国的文化崛起，是和韩国政府 1999 年之后的产业政策与战略体系的建设分不开的。这样看，反倒似乎是印度的市场自治原则和利益集团阻碍了创造"高水平市场"的产业政策与战略。

低层次市场导致本国人才向高水平市场迁移，导致本国、本地区嵌入"低水平市场陷阱"是全球及区域内贸易自由市场化的一个悖论逻辑。设想在中国的三元区域（东部沿海、中部和西部）现有条件下，建立一个开放的、统一的文化大市场，市场主体全是自我利益的驱动者，追随产业资本的指挥棒与短期价格波动，则各种文化要素资源流动的结果，也将是形成市场"马太效应"——中心城市文化产品与要素供给过度，而那些落后贫困地区的文化发展需求将会基本得不到资本的眷顾，而其唯一稀有文化遗产资源在"遗产保护"的名义之下，会被资本用所谓品牌化战略实施过度的商业机会开发——被称为"保护性破坏"！

20世纪80年代改革初期，在半计划经济的条件下，仍然产生了一大批优秀的文学、影视、话剧、音乐作品，实现了对当时改革开放思想鼓动宣传、价值观潜移默化导入、与民众心理和思维高度共鸣、发生移情转化的教化作用。很多作品既受到大众市场欢迎，也得到国际文化界的认可。

2000年之后，文化产业资本的发展，推动不少"商业大片"制作和营销预算到豪华水平，大导演和演员的身价不断提升，可是越来越缺乏社会思想启迪与价值观传递、艺术性与娱乐性能够优秀结合的作品。文化原创的社会效益评价，远不如20世纪80年代，甚至90年代的作品。因此，业内人士每每谈起都很沮丧，文化内容原创水平与资本投入水平，显然并不是每次呈现正相关的关联。过去20年之久的文化资本化、市场化大潮增加了产品的多样性、趣味性和娱乐性、知识性、年轻反叛、亚文化、可消费性，但同时带来艺术欣赏性的、道德思考与教育性的优秀作品却很少。[1]

内容原创艺术性赶不上艺术表现多元化形式手段发展的事实，不能够简单归结为现代观众口味的变化迅速、好莱坞的强势、政府对于内容审查尺度缺乏规范等。后面我们的研究会指出，制作过程的商品化、过度市场化才导致真正有才气的原创

---

[1] 如电视剧《亮剑》《潜伏》《大宅门》《激情燃烧的岁月》《国家命运》《长征》《血色浪漫》《平凡的世界》《琅琊榜》《人民的名义》等。

艺术家无法成长为文化大师的悲哀。

反观最近20年来好莱坞影片发展，除了继续推出适合各个年龄段、各种文化背景受众的、略带快餐口味满足感官享受的"类型片"之外，整体上减少了色情、暴力渲染的元素，在跨年龄、跨文化背景方面，探索人类文明的未来不同走向，不断在题材、表现手段、思考深度、人才挖掘方面推出创新制作，给人耳目一新。甚至似乎好莱坞也开始变得讲原则、有追求、多层次表达真善美人类价值观，这是什么原因？是美国的政府有意为之的文化政策导向结果吗？我们后面也会认真回答这个问题。

本研究的基本逻辑是，为处理文化产品的公共产品属性、避免单向化市场自由化带来的"低水平市场陷阱"，即内容原创陷阱，文化战略制定的出发点就不能是为了市场改革的目标而研究市场化，而是把市场、政府、第三部门视为不同的工具，按照价值观生产过程和传播过程的目标要求，进行工具组合设计。空谈公共产品生产规律与规则优先，也是实现不了社会效益优先目标的，只有认识了政府引导与社会公益资本、产业资本三者良性互动的大概率事件发生条件与规律，才能在实践中达到社会效益与经济效益的内在统一要求。

最后，我们研究的视角是长期的，跨度从2015年到2049年。尽管研究的初始点是为了给"十三五"规划（2016—2020）提供一个独立的建议，但针对党的十八届三中全会决议中提出的四大改革任务——完善文化管理体制、建立健全现代文化市场体系、构建现代文化公共服务体系、提高文化开放水平——认真思考的结论是，最大的战略举措即文化管理体制的完善需要与国家治理结构完善同步设计。在2020年之前，对于关键性改革举措，最多只能达到形成前期思想共识、局部试点经验总结、法规草案起草审议准备的部分。四大改革任务的完成至少需要30年的时段，我们划分为"十三五"周期，2025十年战略及2049愿景展望三个阶段。

（二）研究方法的独特性

在研究方法上，作者采取的是以解决问题为导向的战略咨询式研究模式，如图1-1所示。其八大研究模块／步骤可以表述为：评估与应该已有研究成果，总结产业塑五大国际规律，战略体系对标与问题，四大战略发展在遇，战略转型新挑战，分析中期目标及长期规划目标可行性，实现目标需要的战略手段、能力与路径，战略实现需要的保障。

该方法的优势是，我们不受限于任何国内外文化产业战略理论原有派系与学说的限制，可以完全采取开放的拿来主义、有用主义的态度来对待专家观点与资料。从新供给经济学框架角度，归纳出研究中提出的相关体制改革的政策建议。

当然，任何战略咨询方法强调定量与定性的结合，文化战略也不例外。

本次为期二年的研究能够较快得出结论的原因是：

第一，借助颜子悦教授主持在2013—2014年出版的"国际文化文化本土研究文库"丛书中关于美国文化战略、法国文化战略的著作，作者得以快速进入全球文化战略对话的话语场域，掌握一手资料；

第二，借助国家信息中心研究小组关于中国和世界主要经济体的长期经济与人口趋势预测结果的研究，也借助了普华永道PWC咨询公司每年发布的《全球娱乐与媒体市场展望》报告系列的国别横向比较数据，从而得以建构我们自己的预测研究模型，量化研究技术革命、人口结构、代际消费革命与文化生产方式创新意义，产业活动定义范围、产业规模的变化趋势与幅度等；

第三，在此基础之上，有信心对美国、日本、印度等进行较长时间跨度的量化发展比较。

在定性研究的18个月内，我们进行了一定数量的国内外文化创意产业专家访谈、交流讨论，也通过互联网，收集到大量文化专家观点、研究案例和产业的发展信息，获得BAT等企业进入文化关键领域发展的动态报道。作者体会到，互联网的存在，的确减少了过去需要的大量实地面对面访谈的资源投入。

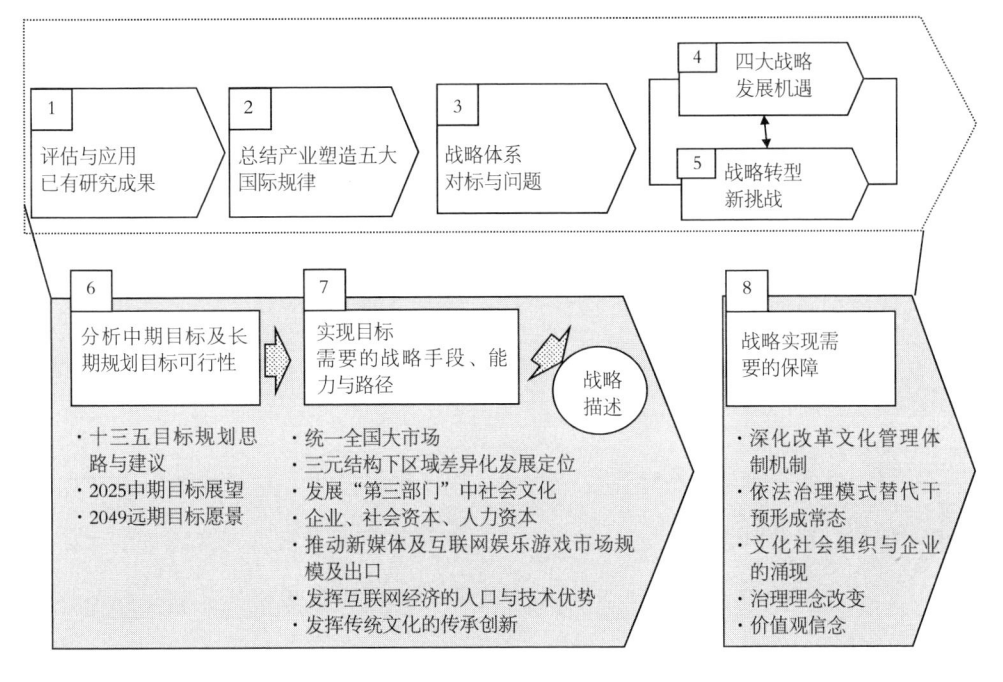

```
┌─────────────────────────────────────────────────────────────┐
│  ┌─────────┐   ┌─────────┐   ┌─────────┐   ┌4─────────┐    │
│  │1        │   │2        │   │3        │   │ 四大战略  │    │
│  │评估与应用│→ │总结产业 │→ │战略体系 │→ │ 发展机遇  │    │
│  │已有研究 │   │塑造五大 │   │对标与问题│   ├5─────────┤    │
│  │成果     │   │国际规律 │   │         │   │ 战略转型  │    │
│  └─────────┘   └─────────┘   └─────────┘   │ 新挑战    │    │
│                                             └──────────┘    │
└─────────────────────────────────────────────────────────────┘
```

图1-1 本报告战略的形成过程及主要模块

模块6：分析中期目标及长期规划目标可行性
- 十三五目标规划思路与建议
- 2025中期目标展望
- 2049远期目标愿景

模块7：实现目标需要的战略手段、能力与路径（战略描述）
- 统一全国大市场
- 三元结构下区域差异化发展定位
- 发展"第三部门"中社会文化
- 企业、社会资本、人力资本
- 推动新媒体及互联网娱乐游戏市场规模及出口
- 发挥互联网经济的人口与技术优势
- 发挥传统文化的传承创新

模块8：战略实现需要的保障
- 深化改革文化管理体制机制
- 依法治理模式替代干预形成常态
- 文化社会组织与企业的涌现
- 治理理念改变
- 价值观信念

本研究结构是：

第一章完成关于文化战略关键问题的识别，现有解决方法局限的识别；同时作为全书的核心观点与改革建议的提要概述。

第二章第一部分是关于目前国内文化战略研究形成的主要成果与建议的综述与评价，在此基础上，第二部分就文化体制改革与产业发展若干关键前沿性问题探讨并给出我们的评价。

第三章是纵向的研究方法，研究始于考察广义文化战略和文化社会功能论的定义在国外理论界的历史沿革，考察过去80～100年间，美国社会和中国社会基于自身国情发展需要，分别制定与实施文化战略的实践得失与经验总结。

第四章是横向的研究视角，基于主要文化大国的产业发展最新实践，试图提炼出文化产业的若干塑造规律[1]，来验证或论证政府与市场、第三部门的角色发挥，与

---

[1] 产业塑造规律在我们的定义中，更多属于制度经济学、产业竞争学和技术决定论的内容，而不是文化媒体产业经济学的规律，如后者包括IP版权无形资产收益率最大化的规律。

地区之间文化竞争实力产生差距的原因，论证科技金融创新与文化融合带来的潜力与风险等。[①]

第六章将会把对于产业一般规律的研究知识用于对标国家（法国）的战略实践总结、用文化战略体系构架国际对标"理想类型"，服务中国文化战略目标体系构建的思考。

战略体系的构建不能仅来自学习对标的领先国家（竞争对手），它更多的是一个模仿+结合国情创新的结果，但在着手构建该体系之前，我们必须先通过第五章来分析把握未来30年中国文化产业发展的独特机遇以及将面临的若干严峻挑战。这样，在第六章的总体中国文化战略体系/机制设计、关于未来35年三阶段发展目标规划展开的研究，就能够深入考虑机遇把握与挑战应对的需要。本研究以第七章结束，内容是关于到2025这个中期目标的文化发展战略实施路径与保障，并且提出一份2025战略实施中优先级较高的国家级文化公益重大项目工程建议清单。

四、重要结论概要与政策建议

（一）关于产业塑造规律总结

（1）政府之手无所不在、发挥公共产品合理配置与效用关键作用。

（2）艺术原创内容的质量产出必要条件是：一个"屏蔽了市场噪声"的实验性创造环境加上一个市场化的发现机制，即"三重机制"原理。

（3）文艺与媒体言论自由表达尺度采取从宽控制的"灰度策略"，形成"政府依法+行业自律+独立司法"几方面博弈互让的"圆柔性治理"。

[①] 关于产业规律总结研究方法，胡惠林先生在分析产业科技长周期发展规律与政府管制形式放松关系的演变中也使用过。胡惠林：《中国文化产业发展战略论》，经济科学出版社2014年版，288-323页。

（4）创意产业的成功核心是营造吸引与留住新型创意人才的环境，取决于"宽容指数、才艺指数、技术平台指数"。

（5）数字化时代的创意金融资本主义全球化运作特点是"三高"：高度集中性、高度分散性、和高度破坏性。

"三重机制"原理如图1-2所示。

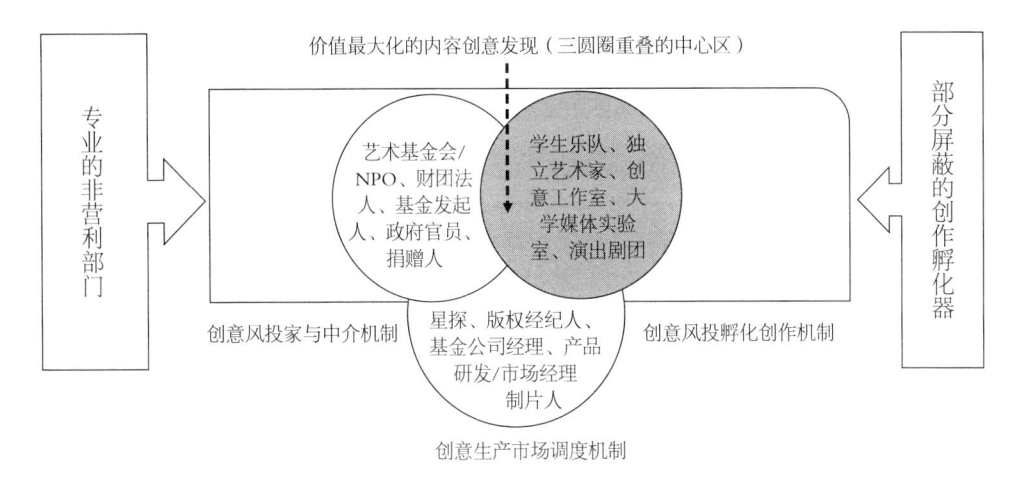

图1-2 "三重机制"原理发现：艺术原创内容高质量的产出需要一个"屏蔽了市场竞争噪声"的实验性创造环境和一个市场化的发现机制

"三重机制"是指在文化产业链的上游"创意风投孵化创作机制""创意风投家与中介机制"与在产业的中下游的"创意生产市场调度机制"（图1-2中的三个圆形）在相互依存的生态关系中积极作用，导致优秀内容创意和人才被发现，价值被不断最大化的一种产业化价值发现机制。

解剖了产业上下游的商业系统与非营利系统建立多重交互作用的"三重机制"，也就解释了美国文化产业为何能够持续创新。因为有一大批非营利大学作为卓越艺术实践和创意人才培养的孵化器，上万个从事亚文化实践的NPO/社区，上千个专业基金会的持续关注资助，内容生产者可以在潜心创作，不考虑或者较少考虑市场问题。内容原创作品在产业中上游得到市场反馈机会并通过"风投孵化机制"的测试，独立制片人、经纪人和市场顾问机构会发现这些优秀的人才与原创潜力，包装、推荐给好莱坞或者音乐出版商，这样美国的"商业文化从非营利文化中得到启发、滋养和修复"（马特尔，2013）。

日本、韩国则由于第三部门和政府的力量都不大，产业上下游的商业整合是完全一体化的"一重机制模式"（图1-2中的三个圆圈是基本重合的）。潜力人才很早被产业发现，以"圈养"方式定向资助、培养，在过早的产品化定型的流程操作中，年轻艺术家成功率很高，但"圈养"模式及产品定型过早，导致艺人的生命周期较短，很难出现大师，"三重机制"的原创价值最大化发现功能失效。

在法国是"国有机制+文化大师/学派专家"机制代替美国的强大"第三部门"，形成了"二重机制"格局。法国二圈互动模式下人才的独立性、艺术实验性会更强，也能够培养出类似吕克·贝松这样的大师级人物，但是总体上，因为在创意与人才筛选过程中，在产业链的中游部分市场淘汰竞争机制基本没有作用，选拔出来的人才基本是进入了终身制，则出现创新效率低，也出现艺术内容与市场价值发现效果最大化不够彻底等问题。

（二）未来30年文化产业发展机遇与挑战

1. 文化消费市场爆发是持续30年的最大发展机遇

未来有两大因素将长期影响居民文化消费率上升，进而影响我国国内市场文化消费总需求：第一，人均GDP增长效应。全社会人均GDP步入10000万美元台阶以上，东部地区开始跨越20000美元阶梯。第二，代际消费结构效应。90后人群是为了体验而生活的"新人类"品种，在中国社会总人群中的比例持续上升，他们的娱乐消费习惯、消费意愿与能力将导致文化消费支出激增，而90后人群开始进入消费者行列的时候恰恰与全球移动互联网开始爆发同步。

纳入代际文化消费行为假设的模型计算结果显示（见图1-3），2030—2049年，"95后牡丹代际效应"明显大幅度驱动了中国居民文化消费总量快速提升，预测结果是潜在消费能力规模将从仅考虑GDP增长效应的45万亿元提高到90万亿元水平，折合美元为16万亿美元。能否实现本模型预测的居民消费规模还取决于其他多种因素，包括供应部门能力、交易成本、其他部门对于关键性基础资源（互联网带宽、云服务大数据中心、某种智能终端设备需要的原材料资源）的争夺可能导致的供应瓶颈等。但是，消费端巨大的需求潜力推动产业长期发展毋庸置疑。

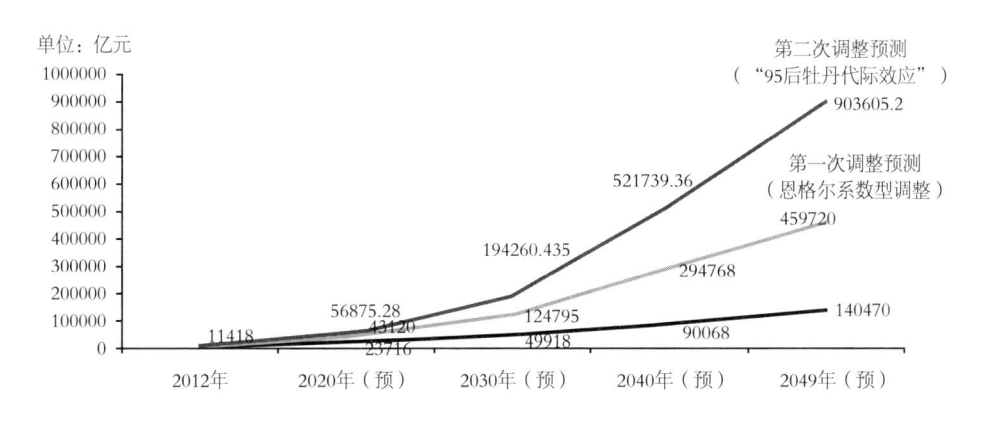

图1-3　2020—2049年城乡文化消费需求总量预测

2. 关于供应端出现的行业"破坏性 Disruptive 创新"的数字化战略机遇

各国文化战略的实施都需要1～2个良性循环业态作为起步点与支撑点。比如，美国有好莱坞集群（包括迪士尼）+Marvel漫画工厂传统（《美国队长》原始IP的制造者），日本有基于发达的漫画出版与消费细分市场之上发展动画产业集群+衍生品链条市场，法国有传统人文电影市场，韩国1998年有网吧游戏、今天有韩剧及韩国音乐。在当下中国，这个机遇就体现在移动端的网络游戏。中国具备把握这个战略机遇的手段：一是内部市场需求发展到全球最大，甚至影响了全球游戏制作公司的方向与品位设计；二是过去的10年在供应端形成了一批国内优秀公司，随着IP链条与衍生平台壮大，形成正反馈循环，更多的人才、资金、创意聚集到游戏这个跨门类的创意生产业态。

但是，最终能否把握这一千载难逢的 Disruptive 破坏性创新机遇，还要看中国互联网技术公司、人工智能公司、游戏开发公司在市场判断和技术创新布局方面的正确决策与执行。未来的游戏形式应该是那种结合头盔或者视听装备的全息沉浸式、人机结合的形式，也会从根本上改变目前游戏娱乐和文化教育的属性、创造全新的社交与文化传播媒体形式。而这方面的技术创新源泉如何从美国西海岸硅谷和东部 MIT 向北京、深圳转移值得关注。BAT 及主要的游戏出口公司已经利用全球的创意与技术创客人才，开始在布局建立全球研发与创新网络。

3. 中国传统文化资源的转化与复兴带来的机遇

早在先秦时期，公元前 600—800 年间第一轴心时代，中国式理性启蒙时代开始，推动了战国时代社会变革，进一步在秦汉时期结出了思想、制度与物质技术文明的丰硕果实。在郡县管理制度、人才训练与选拔、市场货币经济调控与国家干预等"现代治理要素"社会实践发展方面，远远超过类似规模的罗马帝国。南宋之后，国家社会治理模式停滞不前，原因是多重的。[①] 几百年来，中华文明薪火在官方被满族统治者接过后，扩大了中国的疆土。在民间继续运行的薪火，如王阳明知行合一学说通过不同的路径传到黄宗羲、再传承到一大批近代的学者，在国家图存救亡的运动中成为熊熊大火。

在中华文化复兴的时代，集中社会资源与人才优势去挖掘传统文化历史题材，创作大量接地气、有正能量、艺术性与教育性有机结合的优秀作品原创。文化创意产业的资本力量，专业化运营 IP 产业链条，针对民众的心理与休闲娱乐需求，以寓教于乐的活泼方式，有效地、多样化地转化原创作品，在创造社会效益的同时也制造了文化资本财富。这是中国文化产业独具的原创优势竞争力。《功夫熊猫》三部曲的成功只是提醒我们这个市场有多大。

---

① 这和程朱理学自身体系僵化、历史发展气运、中国外部的经济贸易体制变化有关。

4. 战略目标实施的现实挑战

第五章将列举四大挑战，分别是内部文化战争、区域"三元结构"、版权出口的小国、国际话语权不平等。需要特别提及的是关于极其不平衡的文化市场与公共服务体系带来的挑战。东部沿海、中西部和西部三大区域的经济社会发展水平不同以及城乡之间的差距导致以下几个方面。

- 区域之间，以及区域的城乡之间，文化资源作为公共产品的分配及其不均衡。
- 文化水平，文化发展与经济割裂、脱离，对于当地经济转型产生负面影响，尤其是不利于地区创新力资源的集聚、不利于产业高级要素的流动。
- 缺乏文化公共服务资源覆盖，会导致对政治整合的负面影响，尤其是在那些少数民族地区、边疆地区。
- 乡土田园文化的消失，农民作为公民的文化权利难以保障。

城乡居民文化消费的差距有加大趋势，从 2007 年的不到 1 倍增加到 2012 年的 3 倍，这可是发生在中国经济高速发展 6 年、公共财政迅速膨胀、文化产业被列入国策的 6 年。如果剔除在农村居民文化支出中还包括的教育消费支出，那么城乡差距中文化消费差距比会增加到 4∶1 以上，大于城乡居民收入差距比 3∶1。

（三）关于 2049 文化战略目标的三阶段规划探索

1. 目标规划体系

围绕文化事业与文化产业长期发展的要求，设置不同阶段逐步需要完成的目标，分别为文化事业结构性目标、文化产业数量化目标、管理体制改革目标三类。其中，文化事业结构性目标的维度包括以下几个方面。

- 影响力目标，包括文化软实力，国家品牌，企业品牌。

- 公民与社会组织参与度衡量。
- 三类地区内部的文化公共产品服务体系均衡化，以及区域差别的减少。

文化产业数量化目标的维度包括以下几个方面。

- 产业竞争力目标，包括核心产业全球化排名，出口规模，产业开放度。
- 居民与机构的文化/娱乐/媒体市场消费总量，供求关系。
- 创意人员占劳动者比例、产业对GDP贡献、占比。

管理体制改革目标维度包括以下几个方面。

- 行业组织、社会法人、文化工作者、企业法人的参与和自律互动。
- 圆柔型法治治理满意度。
- 国家文化战略目标体系推进步骤。

按照"十三五"周期、2025中长期规划期、2049愿景展望期这样三个阶段，提出每个阶段包含的结构性、数量性、治理体制性的目标清单建议，并且对于大部分目标的合理性、可操作性加以论证。

2. 关于国家文化战略目标体系的设计思路

文化战略目标体系是国家社会治理结构、原则、手段的综合设计蓝图，是用于实现社会文化全面发展、成为文化大国的战略性总目标，可以视作一种举国体制层面的设计。国家文化战略体系建设目标的任务也做了进一步分解，并在三个阶段中逐步落实，如图1-4所示。

战略理念：以内为主，强调开放

- 创客空间
- 文化复兴 交流与开放
- 价值观整合

圆柔型社会治理层面

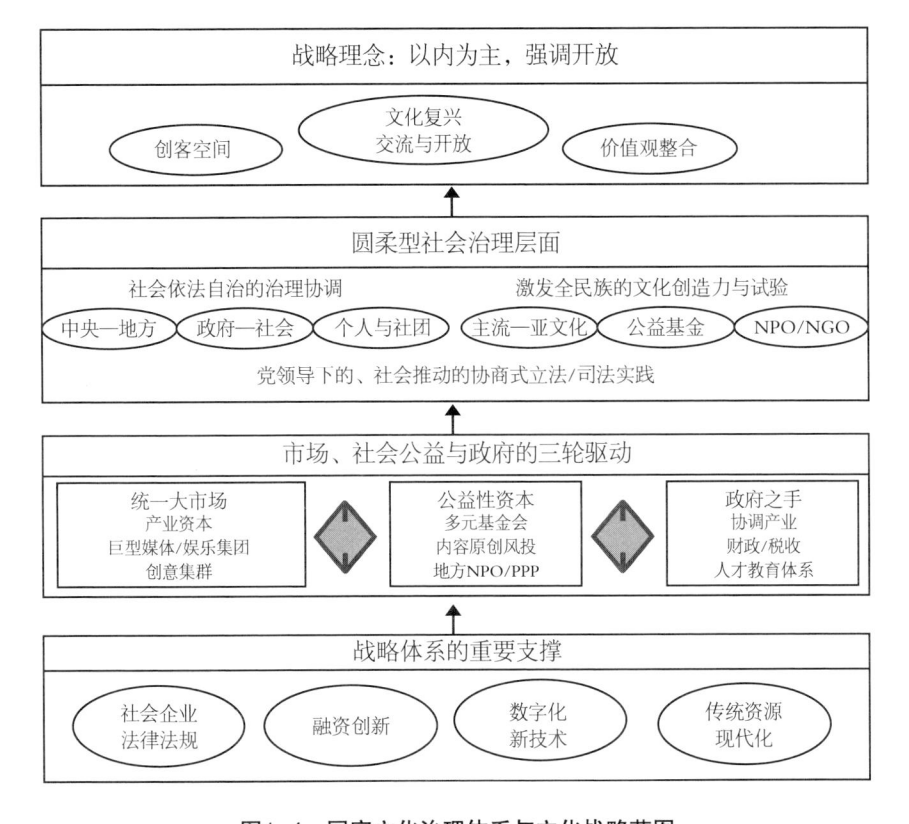

社会依法自治的治理协调　　激发全民族的文化创造力与试验

- 中央—地方
- 政府—社会
- 个人与社团
- 主流—亚文化
- 公益基金
- NPO/NGO

党领导下的、社会推动的协商式立法/司法实践

市场、社会公益与政府的三轮驱动

| 统一大市场
产业资本
巨型媒体/娱乐集团
创意集群 | 公益性资本
多元基金会
内容原创风投
地方NPO/PPP | 政府之手
协调产业
财政/税收
人才教育体系 |

战略体系的重要支撑

- 社会企业 法律法规
- 融资创新
- 数字化 新技术
- 传统资源 现代化

图1-4　国家文化治理体系与文化战略蓝图

2049国家文化治理与文化战略顶层设计的原则包括以下几个方面。

第一，坚持以内为主，强调开放原则。以服务社会治理和价值观内部融合为主的文化战略推进；先内后外，服务于人类命运共同体的建设。

第二，坚持文化生产与传播的"公共产品"提供原则。坚持社会效益与经济效益统一理念，坚持市场仅是有条件地发挥作用。在文化建设领域，价值观良性再生产是我国现代文化事业治理的灵魂，市场只能有条件地发挥"基础性"和"积极性"作用。面对内容原创质量、资源配置、利益寻租、公共服务缺失等方面的"失灵"与教训，我们应该真正相信群众、相信社会自组织能力与创造力，把文化的事业交还群众、交还给社会组织。

第三，坚持政府角色从主导到引导、从直接到间接的转变原则。让社会公益性企业组织/第三部门来代替政府,提供直接的产品与服务,搭建PPP平台,把政府预算和补贴资金精明地托付给"第三部门"实施各类文化PPP项目。同时,社会和政府通过法律的手段与流程,监督这些更为专业、更有理想和职业精神、更少寻租的社会公益性组织/第三部门/社会企业(与商业化的企业合作),来完成优秀内容原创要求的资源配置和针对性的公共服务目标。

第四,坚持在党领导下、建设依法自治的社会协调体系原则。通过主流意识形态治理工具的理性化、专业化与社会化形成"圆柔型社会治理",政府对于文化事务的管理遵循"一臂之隔"原则的,行业由上至下的采用协会自治式管理,包括自下而上的社团自主自治管理,与党的领导、依法治理实现深度结合。最终创新为中国特色的协商式文化事业/产业的立法/司法实践。

第五,坚持"三轮驱动"的市场主体原则。政府之手、社会公益性资本/社会组织、统一大市场/产业资本机制这三个积极性需要同时发挥;市场、政府、"第三部门"/社会组织,三类主体需要同时到位。但是在不同的区域,根据情况与目标,三个轮子的组合方式是有差别的。

(四)关于战略路径的区域化维度

在文化供给与消费水平、公共产品资源分配方面实际存在的"三元结构",是实现2025战略目标的一个重大挑战。应对不平衡的区域社会经济发展现实,需要运用多样性的产业组织体制思路(基于政府—市场—社会第三部门"三轮驱动"的不同组合)来推动区域产业结构的升级、转型、参与国际化竞争。因此,我们在战略路径研究中,提出了核心区域、重点区域、再均衡区域三大类别划分概念,制定差异化的、分工互补但不同侧重的文化产业发展策略。

(1)核心区域为东部沿海城市,尤其是长三角、珠三角和首都经济圈的核心龙头城市。产业链分工任务侧重是成为精品内容原创,主流价值观内在化、艺术化、故事化的"生产基地";国内文化消费流行概念生产与实验的"高地"。产业资本、

BAT 为 IP 转化与传播的载体，混改的专业化国有企业、院校技术基地、城市创意孵化基地和大型公益文化基金会作为优秀原创的"第三部门"载体，市场机制发挥有条件的积极作用。

（2）重点区域为东部的非核心城市区域、广大中部地区和大部分东北地区，覆盖面积应该最广阔。产业链发展分工的侧重点是促进创意产业与实体经济产业升级转型、进入国民经济大循环结合，推动国内文化创意概念流行消费的梯级空间转移。因为精品内容的原创与价值观转化不是重点，在这个极其广大的重点区域，可以充分发挥市场机制的资源配置主导性作用，以依托产业资本和巨型战略型集团企业思路为主，发展推动融合、推动文化市场形成、推动文化企业主体的转型，创造国内市场更大的消费空间。

（3）再均衡区域为中西部及少数民族聚集度高的广大地区。特点是文化与经济社会发展失衡严重、乡村文化旅游环境开发有失衡风险（如经常被专家和媒体批评的村落中文化遗迹古建筑群的"保护性破坏"行为[1]），这里市场力量不发达、不成熟、商业资本短期行为严重。产业发展重点是通过创意创业园区环境打造，带动巨型文化企业/高校/本地产业落户，拉动创客聚集，营造产业集群；推动绿色文化产业、低碳文化产业目标；保障产业经济发展与多元文化并存、繁荣少数民族文化艺术、保护珍贵文化遗产（包括宗教遗产）的目标相均衡。

因为这里缺乏市场化组织力量，缺乏"第三部门"的组织力量，应该建立文化支边、文化治穷的支援体系，从核心区域、重点区域，以及西部文化重镇选拔人员，有针对性地开展帮扶工作，以及本地人才培养工作。

（五）新供给经济学政策含义

为实现文化产业/事业 2025 发展中期目标，作者提出了"五个并举"，从供给端推进改革与发展的战略路径与举措。

---

[1] 见"遗产保护，让共享观念内化于心"，人民日报，2015 年 6 月 18 日

（1）推动市场全面开放与推进中国式"第三部门"做大做强（提升原创质量）、推进文化国有企业体制改革、资本优化并举。

（2）推动全国统一大市场加快形成与坚持区域的公共文化服务差异化定位策略并举（区域"三元结构"）。

（3）推动新媒体/网络游戏/影视动漫IP原创等坚决走出去与坚持开放、引入更多国际化资本和全球创意创新人才并举。

（4）推动数字化科技创新生产力与文化深度融合与加速文化创意设计要素进入各个行业发展的"大循环"战略并举。

（5）推进中华历史文化基因转化创新与在吸收其他文明普遍价值基础上打造"人类命运共同体"的全新价值观并举。

本研究最后提出的核心建议还包括以下几个方面。

第一，择机成立产业自治主体全国性机构。成立代表社会意志、专业、独立行业自治管理机构"文化创意企业与文化社团协会全国联合总会"（简称"全国文创联"）。将政府序列的文化管理部门一部分职责并入产业自治主体的代表，另外将其他职责转型并入政策性基金、国有文化独资控股集团。党委组织部/宣传部/国资委的人事任命和党管干部的流程不变。

第二，加快启动制定《中国社会组织NPO法》。在法律起草咨询期间，可以鼓励有条件的地方，特别是文化产业核心区域的中心城市，先行先试，出台地方性《关于鼓励设立文化公益社会组织的试行办法》，以及结合相关捐赠免税条例修改税法。最迟应该在2025年通过《中国社会组织NPO法》，形成国家新治理结构的最为重要部分。

第三，鼓励公益捐赠资金。各类企事业单位、社会力量和个人捐赠文化公益基金与民非机构/文化社会企业/NPO，可依法在计算企业所得税、个人所得税应纳税所得额时扣除（参照《足球改革方案条款》的办法，可以大大减少目前的捐赠额度限制）。

第四，政府不再直接介入文化共投资与服务提供。把文化项目的公共预算用来支持PPP项目和建设政府购买服务新机制，以此来推动主要通过社会组织、企业组织、事业法人提供针对性的、符合民众意愿的、保证质量水平的文化服务包。同时，对社会资本投入文化设施与内容创意人才基础培养的PPP非营利项目，应当继续落实土地、税收、资金支持等方面的优惠政策，纳入地方政府预算，以及依法设立操作平台。

第五，在司法实施体系上优先配置资源。类似知识产权法院的设立，应该就文化事务中媒体尺度与风俗道德观争议设立专业化水准较高的、跨区域的人民法院，减少政府部门的直接干预、引导社会舆论和媒体尺度、树立抵制低俗、净化市场的行为自律、法治政府的标杆。

第六，建立国家文化事业振兴基金的体系。在国家层面，成立最高级别的文化振兴公益基金；同时，鼓励各民主党派、社团成立不同侧重的文化公益基金会；鼓励部分海外发展的中央国有企业，参与设立与"一路一带"相关的特色文化公益基金。

第七，打造文化硅谷。选择上海和深圳为试验区域，下放权限，成立相关产业基金，采用PPP模式整合现有公共资源，开放文化艺术教育，文化科技融合，版权与艺术品交易市场，文化资产评估鉴定与标准，质押与担保，版权内容经营，金融产品创新等领域。

第八，实施国民文化教育的中华文化史解释工程。对先秦诸子的新认识，对汉代、唐代的辉煌思想与经济政治制度的新理解，要从中华文明对"现代性"/人类普遍价值贡献角度、马克思主义中国化角度、宗教理念融合与信仰和谐发展的角度予以重新总结，同时，要对于南宋明清以政治学术思想僵化与社会生活倒退停滞的原因进行深刻的反省。

第九，设立若干个"一带一路"文化发展基地/试验特区/自贸区。招商邀请"一带一路"沿线不同宗教背景国家的文化创意和科技企业、教育培训机构入驻基地与园区，形成不同背景人才多元化价值观交流的环境。最好在我国西部地区与阿富汗、巴基斯坦接壤地带，采用当年沿海四个特区开放政策力度，打造出一个多元宗教文化和谐共处的特区新城，建设支持"一带一路"的国内前哨基地。

参考文献

[1] 安东尼奥·葛兰西.论文学[M].吕同六,译.北京：人民出版社，1983.

[2] 胡惠林.中国文化产业发展战略论[M].北京：经济科学出版社，2014.

[3] 胡惠林.国家文化治理[M].上海：上海人民出版社，2012.

[4] 花建,等.文化软实力：全球化背景下的强国之道[M].上海：上海人民出版社，2013.

[5] 张燕婴.论语[M].经典藏书版.北京：中华书局，2006.

[6] 阿芒·马拉特.传播的世界化[M].朱振明,译.北京：中国传媒大学出版社，2007.

[7] 弗雷德里克·马特尔.论美国的文化[M].周莽,译.北京：商务印书馆，2013.

[8] 毛泽东.新民主主义论[M]//毛泽东选集第2卷.北京：人民出版社，1991.

[9] 普华永道PWC咨询公司.全球娱乐与媒体市场展望：2012—2016[R].Global Entertainment and Media Report，2013.

[10] 郑海鸥.遗产保护,让共享观念内化于心[N].人民日报，2015-06-18.

[11] 王岳川,胡淼森.文化战略[M].上海：复旦大学出版社，2010.

[12] 张旭东.文化政治与中国道路[M].上海：上海人民出版社，2015.

[13] 赵汀阳.天下体系——世界制度哲学导论[M].北京：中国人民大学出版社，2011.

[14] 张维为.文明型国家[M].上海：上海人民出版社，2017.

第二章

文化产业战略研究学派与关键问题

一、当前文化战略研究的主要流派评价

2002年党的十六大第一次从国民经济和社会文化协调发展的高度、以党的政治决议方式做出了"要积极发展文化事业和文化产业"的战略决策，文化产业发展从此作为全新的国家战略形态进入国家整体战略系统。党的十七大提出的"四位一体战略"更加突出了文化的地位，但在实践中，实用主义的观点左右政策的制定，因此，在紧接着的2008年金融危机之后，全国地方政府把大力发展逆周期的文化产业提升到应对经济下滑的战略抓手高度，体现在"十一五"规划中，高度重视文化产业园、文化创意产业、动漫产业发展的目标。可以说，从2002年至今，文化战略研究已经完成奠基，发展为一门官学结合的显学。

综观近15年来我国文化事业和文化产业发展战略研究，其主要问题有以下几方面：一是对文化发展战略整体性、深入性研究不够，往往割裂文化事业与产业发展；二是民族文化理论框架缺位、自主性思维不够[1]；三是在意识形态理论探索和文化管理创新实践上，思想解放不够大胆，左右摇摆不能破题，过度关注文化意识形态安

---

[1] 王岳川、胡淼：《文化战略》，复旦大学出版社2010年版，19—24页。

全的抗衡问题。

以"中国意识形态"对"西方意识形态"的"抵消冲撞"所代表的研究范式，显得我国学术界在过去还没有充分的文化与理论自信，因此也不能够从容对我国文化事业与文化产业发展战略进行全方位的深入研究。①

文化战略研究中较为有代表性的著作包括《国家文化治理》（胡惠林，2012)、《中国文化产业发展战略论》（胡惠林，2014）、《中国文化产业国际竞争力报告》（祁述裕，2004）、《文化产业战略与商业模式》（陈少峰，2006）、《文化产业发展战略研究》（朱建纲，2006）、《文化产业研究战略与对策》（熊澄宇，2006）、《区域文化产业研究》（向勇、喻文益，2007）、《文化战略》（王岳川等，2010）、《中国文化强国战略》（郭建宁等，2012）。

这些著作与研究分别从不同的角度和领域，对我国文化产业发展战略中的理论概念、应用、政策等层面的关键问题给予回答和贡献智慧。比如在应用层面，陈少峰从文化企业商业模式切入关于区域文化战略、品牌战略、产业集群战略，以及文化发展双重战略等运用层面的研究；朱建纲关注文化产业发展中的资本扩张战略；熊澄宇是从战略和对策两个层面，对数字技术带来的广电产业的变革、版权制度的重构和我国区域文化产业创新体系建设进行研究。

在理论体系建设和战略概念构建层面，胡惠林从国家政治治理与文化治理比较的层面，研究了当前我国文化意识形态生产与管理体系的问题、转型要求，以及基于该理论体系，针对"十二五"规划目标实现提出较为完整的战略路径思考与方案。② 胡惠

---

① 文化战略研究中有一个过度关注文化意识形态安全的抗衡问题。如胡惠林教授关于该领域的文献研究显示，2000年至2008年期间我国"文化产业发展战略研究"有关学术论文中，与入世对策相关的文章比例竟然高达50%，显示了文化发展战略研究中的"防范过度"特征和对策研究特征。见胡惠林：《我国文化产业发展战略理论文献研究综述》，上海人民出版社2009年版。
② 胡教授团队在《中国文化产业发展战略论》中为"十二五"规划提出的五大战略举措包括：建立统一的文化大市场；战略性推动新兴文化产业发展；实现文化产业发展国际化；构建多级多层次区域文化产业发展，生态文明发展模式；推进国家文化资本与社会文化资本协同发展。我们认为，除了第三点之外，其他四个战略举措言之有理，仍然可以被视为"十三五"规划需要注重的内容，也给本课题的中长期研究提供重要启示。

林理论研究的主要核心结论包括：一是主张三位一体的国情战略即同时发展传统、现代、新兴文化产业（建立在分析了目前这三种产业态势分布客观存在之上）；二是转变文化治理模式、正确处理开放发展与国家安全矛盾，提倡"文化民权"、落实公民文化自治自主权利；三是强调文化产业价值链上各个城市分工体系、打破省一级文化体系（行政性、资产性集团）对于市场的分割。

郭建宁及其团队文化发展战略思路主要是包括文化软实力的发展模式、社会主义价值观模型讨论，以及马克思主义中国化的方法等重大理论问题。胡惠林、郭建宁等课题组的理论研究主要是通过教育部的社会科学重大课题研究基金来支持的。

党的十七大之后，文化产业发展与战略研究成为一门显学，有一批大家参与奠基，学派之间有侧重、也有竞争，如图2-1所示。

研究学派	研究重点领域及核心著作
从产业实证研究入手	· 社科院文化研究中心张晓明研究员为主要牵头人，成果体现在《中国文化产业发展报告》连续十多年的蓝皮书系列（包括国际文化产业系列）；从2012年开始财政部支持该中心开展"文化产业重大课题研究计划"，实证方法结合联合国—2009框架—文化的循环模型，国家统计局公开数据，财政部数据 · 中国人民大学连续四年发布中国各省区域文化发展指数，关于地区文化产业竞争力模型是基于波特的钻石模型原型搭建
从理论规范建构入手	· 教育部文化战略上海研究基地胡惠林教授（交通大学）：2007年《国家文化安全论》，2012年《国家文化治理》，2013年《文化产业发展战略论》 · 国家行政学院祁述裕教授：一般战略规律研究，2005年《中国文化产业竞争力研究》，2008年《中国文化产业发展战略》 · 北京大学郭建宁教授：《中国文化强国战略》，重点讨论文化软实力与价值观建设
从其他的产业战略角度入手	· 文化部定点联系的产业研究中心——北大文化产业研究院叶朗教授，陈少峰教授，"中国文化产业年度发展报告"编委会，2005年开始发布年度产业报告，注重业态和区域的产业描述，采用数据资料基础来源于文化部上报系统 · 创意产业发展战略研究：厉无畏教授带领上海社会科学院部门经济研究所为主的文化创意产业研究课题研究团队 · 区域产业研究：《文化产业战略与商业模式》（陈少峰，2006）、《文化产业发展战略研究》（朱建纲，2006）、《区域文化产业研究》（向勇、喻文益，2007） · 清华大学文化产业研究中心熊澄宇教授：2012年《世界文化产业研究》报告首次注重非营利机构作用，2006年《文化产业研究战略与对策》，首次讨论数字技术带来广电产业变革、版权制度重构和文化产业创新体系等内容

图2-1 各研究学派研究重点领域及核心著作

在产业实证研究方面，必须提到以社科院文化研究中心主任张晓明研究员为主要牵头人的研究团队，其成果体现在连续十多年发布的《中国文化产业发展报告》蓝皮书系列（扩展到区域级别的文化投资与消费、具体细分门类的文化产业领域报告，以及国际性的文化产业发展问题报告等多种系列）。从2012年开始，在财政部文化产业专项发展基金的支持下，该中心开展了"文化产业重大课题研究计划"，该课题组的实证研究方法与"联合国——2009框架"——文化经济循环模型方法紧密结合，主要分析是依据国家统计局公开数据及财政部口径的数据。

偏向实证与政策研究的还有三支重要研究团队。一是文化部系统的官学结合产业研究大本营北京大学文化产业研究院和国家文化产业创新与发展研究基地，是以叶朗教授、陈少峰教授为核心的一个全国性研究学者网络与研究团队，每年发布《中国文化产业年度发展报告》，关注文化产业微观层面典型企业的发展与模式创新，主要基于文化系统上报统计数据，反映了文化部体系对于产业发展方面的策略目标、政策推进，以及重点区域的产业发展状况等；二是厉无畏教授带领的、上海社会科学院部门经济研究所为主的创意产业研究中心课题研究团队完成的关于上海地区创意产业发展的多项研究成果[①]；三是中国人民大学文化产业研究院，已经连续四年发布"中国省市文化产业发展指数"的竞争力比较报告，基于"波特钻石模型原型"搭建的区域文化产业竞争力模型是区域发展指数提取与解释的依据，报告结果从另外一个角度验证了胡惠林教授的我国区域发展不平衡、产业类型发展不平衡的国情判断。

二、当前文化产业研究的若干前沿问题思考

（一）文化产业定义及统计问题

对文化产业的定义和分类全球各国并不统一，如在英国称为创意产业，日本和

[①] 厉无畏：《创意产业推进文化强国策动力》，河南人民出版社2014年版；王慧敏等：《创意设计之都：全球概览与上海战略》，上海社会科学院出版社2014年版；上海社会科学院创意产业研究中心，《文化创意产业研究论文集》（2013—2014），2015年版。

韩国强调内容产业，美国则是冠以版权产业，而在中国是把旅游、休闲、观光、地产等也一并纳入。由于产业的定义口径不统一，因此缺乏世界公认的全球文化产业规模统计数据。一些国际组织和国家统计机构是根据来源不同的资料估算世界文化产业的规模。

比如韩国文化内容振兴院估算，2013年世界文化产业市场规模达到2.337万亿美元。从分区域看，北美市场份额最高，达到35.2%；欧洲、中东和非洲共占30.9%；亚太占27.4%，中南美洲占6.5%。而在普华永道咨询公司（PWC）《全球娱乐与传媒市场展望》报告（Global Entertainment and Media Report）中，2011年美国、日本、中国、德国、英国、法国、意大利、加拿大、巴西和韩国娱乐和传媒业市场规模居世界前10位。其中，美国遥遥领先，营业额达到3630亿美元，是排名第2位日本（1730亿美元）的2.1倍。

国家统计局研究小组在其《世界主要经济体文化产业发展状况及特点》报告中引用世界知识产权组织最新数据显示，2013年，全球文化产业增加值占GDP的比重平均为5.26%（见图2-2），约3/4的经济体在4.0%~6.5%之间。其中，美国最高，达11.3%，韩国、巴西、澳大利亚、中国、新加坡和俄罗斯均超过6%，加拿大、英国、中国香港、南非和中国台湾则分别达到5.4%、5.2%、4.9%、4.1%和2.9%。[①] 而中国的6%比例与国内统计机构的数据相差较大。

2013年，全球文化产业的从业人员占全社会从业人员总数的比重为5.49%，约3/4的经济体在4.0%~7.0%之间。其中，菲律宾、墨西哥、美国、澳大利亚、马来

---

① 《世界主要经济体文化产业发展状况及特点》报告见国家统计局网站。该项研究采用世界知识产权组织的分类标准及该组织公布的最新数据，但各个经济体的数据却并不是同一年度的。比如阿根廷和印度尼西亚为2013年数据，美国、韩国、英国、中国香港、坦桑尼亚及泰国为2012年数据，澳大利亚、保加利亚及南非为2011年数据，芬兰、马来西亚、罗马尼亚、乌克兰、新加坡、俄罗斯、菲律宾、墨西哥、加拿大、中国台湾、巴西则为2010年数据；中国、荷兰和秘鲁为2009年数据。

该报告还指出，联合国贸发会议在2014年初预测，2015年全球文化产业占世界国内生产总值的比重将升至7%左右，每年平均提高0.7~0.8个百分点。

西亚和俄罗斯等均超过 7%，2011 年韩国和新加坡均达 6.2%，英国和加拿大为 5.6%，中国香港为 5.5%。

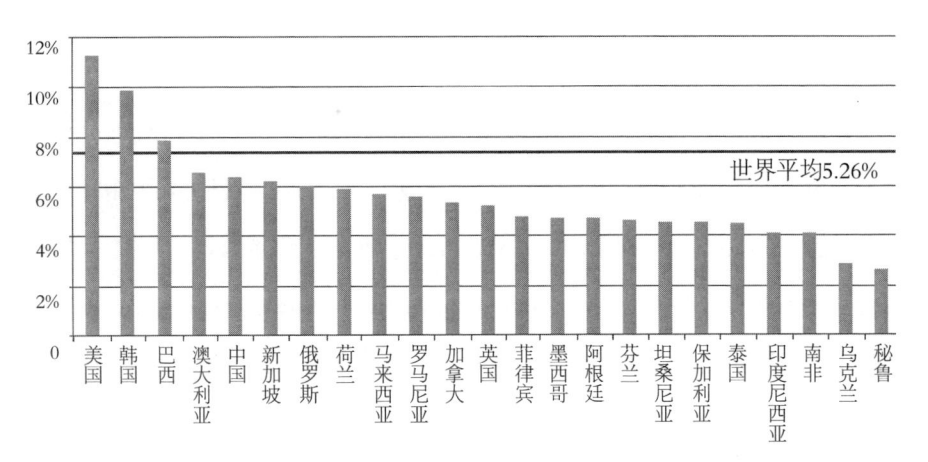

图2-2　2013年世界主要经济体文化产业增加值占GDP的比重

　　自 2004 年以来，我国文化产业增加值年均增速在 15% 以上，2008 年金融危机以来，由于文化产业的"反周期"性质，产业规模仍然继续成长。① 2012 年文化部系统的统计数据（叶朗，2014）显示，文化产业增加值规模达到了 2 万亿元左右，占 GDP 的 3.77%。总就业人数达到 1000 万人。其中规模以上的法人单位数 36469 家，从业人数为 699 万人，对应总资产为 5 万亿元，营业收入 5.6 万亿元，增加值为 18071 亿元，占 GDP 比重为 3.48%，对 GDP 增加值增量贡献达到 5.5%。虽然中央统计部门与地方经济部门和文化产业主管部门的口径不完全一致，但我们认为给分析带来的障碍是可以忽略不计的。② 2016 年文化产业占 GDP 比例突破 5%，达到支柱产业的标准，同时产业结构不断优化，影响力不断提升。2014—2016 年文化产业增加值如表 2-1 所示。

---

① 引自文化部文化产业司副巡视员施俊玲 2014 年文化产业资本大会上的讲话。
② 国家统计局依据第三次全国经济普查资料，对 2013 年我国文化及相关产业的主要指标进行了测算，2013 年我国文化产业增加值为 21351 亿元，与 GDP 的比值为 3.63%。其中，文化产业法人单位增加值为 20081 亿元，比上年增加 2010 亿元，增长 11.1%，比同期 GDP 现价增速高 1 个百分点。这里推算出来的 2012 年数据和文化系统的数据就不一致，幅度大概在 2000 亿元左右。

表2-1　2014—2016年文化产业增加值

年份	GDP 比例 / %	增加值 / 万亿元
2014	4.4	2.58
2015	4.7	2.96
2016	5.1	3.41

文化产业如此的快速发展离不开国家财政的引导性、政策性大力投入。根据社科院刘德良团队（2014）报告，2010—2012年，中央财政年均投入为155亿元，占行业全部投入总额的10%左右，其余九成都是地方财政的投入。从2010年的1150亿元到2012年1814亿元，绝对值增加但是年均的增长率从18%减低为13.4%。[①]中央财政投入的重点是在广播影视和新闻传媒二大传播领域，地方则注重对于公共文化服务体系建设和地方广播影视事业的投入，如图2-3所示。

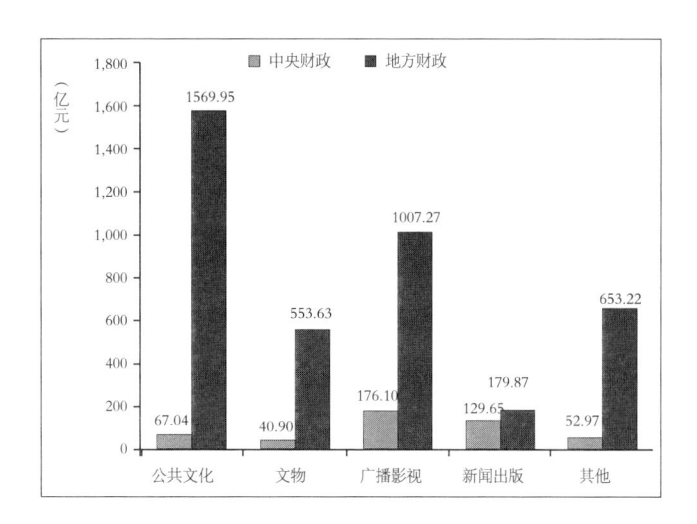

图2-3　2010—2012中央与地方公共财政分别在文化领域累计投入规模与分布对比
来源：财政部数据。

[①] 根据北京大学叶朗教授团队（2014）产业报告，我国公共文化投入从2004年的587亿元增长到2012年的2268亿元，保持了平均年均增长18%以上的高速。

（二）文化产业活动与国民经济循环、版权经济循环与内容无形资产

狭义的文化生产活动一般分为创作、生产交付、传播、消费四大类。相关细分产业小分类是文化产品（内容创作）生产、传播渠道、文化生产服务。

广义的文化生产活动是把文化产业纳入国民经济的大循环，这样就需要进一步关注三个相关的重要产业领域：①文化装备制造，包括电视播放设备、印刷、复印、录音装备、影视拍摄准装备等；②文化消费终端制造，包括电视机、IMAX影院设施、电子阅读器、智能手机等；③生产性文化服务，包括创意策划、广告、建筑与工艺设计等。

2011年，国家统计局参照联合国教科文组织颁布的《文化统计框架—2009》修订出台了《文化及相关产业分类2012》（以下简称《分类2012》），分类的具体定义如表2-2所示（张晓明等，2014，13-15页），可以看到，互联网相关的文化服务也已经包括在内。

表2-2　《分类2012》中文化及相关产业大类示意（小类标号与GB/T4754—2011对应）

行业大类		涉及行业统计小类数量
1. 新闻出版发行服务		12
2. 广播电视电影服务		6
3. 文化艺术服务		13
4. 文化信息传输服务（电信增值/互联网）		5
5. 文化创意和设计服务（生产服务性）		5
7. 文化休闲娱乐服务	（网络游戏）	11
8. 文化产品生产的辅助生产		13
9. 文化用品的生产（电子终端）		30
10. 文化专用设备/装备生产		10

一方面，文化再生产不断延伸产品形态和变换传播渠道，不断带动文化相关的

装备制造、终端设备、基础设施领域的投资与生产；另一方面，文化创意再生产的"外部性"为其他经济部门升级和创新源源不断地提供新创意需求，也提供设计形态的中间产品。未来的新经济中更加如此。将文化产业再生产纳入国民经济大循环之后的关系如图2-4所示（张晓明等，2014，14页）。

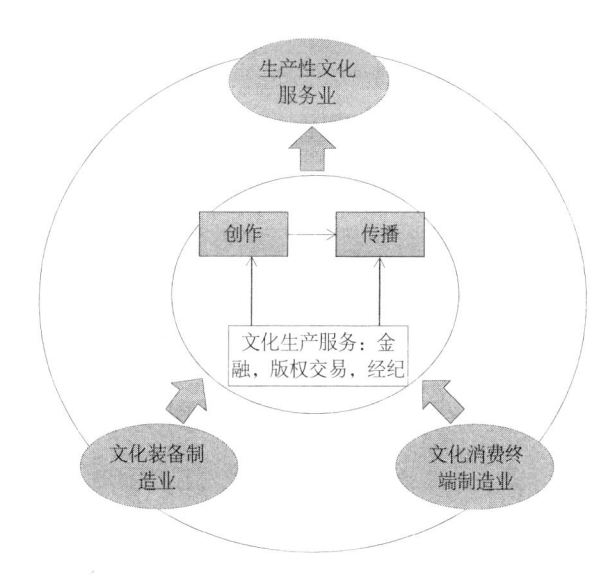

图2-4 文化再生产循环模型——文化产业经济"外部性"的分析框架

文化产品有电影、电视节目、演艺歌唱、图书杂志、漫画、动画、游戏、其他衍生品等多种形态[①]，相互之间可以转化。在渠道形态方面，传统的电视、报纸媒体的受众数量急剧下降，而数字阅读器（包括智能手机）、网络传播、数字电视、互联网电视等快速成为文化内容传播的主要渠道。

文化产品再生产循环与物质产品再生产最大的不同之处在于，在创作和生产过程中，不但生产出消费品，还同时产出版权、商标、软件著作权等作为无形资产的资本品，进入下一轮（文化和物质）的再生产循环中，产生版权和商标授权的资本

---

① 业内估计，日本的动漫产品播放收入与衍生品／版权收入之比常常达到1∶10；而在我国，类似比例不到1，导致内容生产的投资效率低下。

性收入。内容产业的的1P版权收益扩大循环规律如图2-5所示。

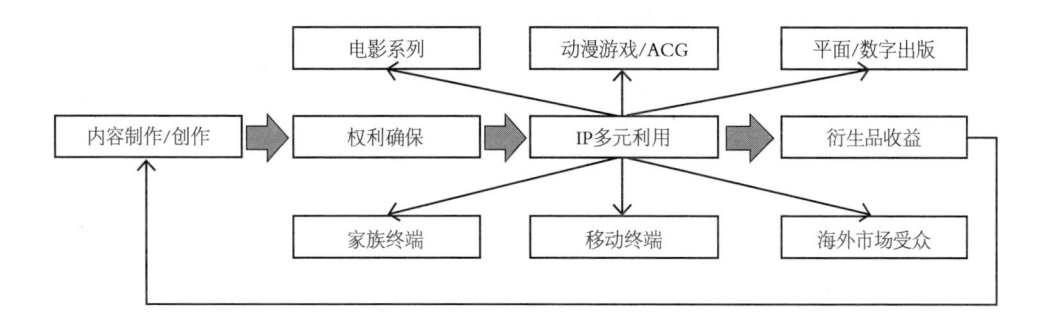

图2-5 内容产业的IP版权收益扩大循环规律

文化产业之所以在美国被定义为"版权产业",就是因为内容创作生产的资金投入(成本)产生了版权结果,同时形成了内容收益的资本性收入潜力。这种能够产生版权结果的成本与费用资金投入,可以同时被视为内容生产的无形资产投资。[①]

但以往的统计数字对内容生产形成的无形资产属性关注不够,鉴于此,2013年8月,美国根据联合国修订的第五版国民账户体系(SNA)导入GDP/GNP的新统计算法,除了将一般机构研发费用的支出作为固定资产投入之外、也开始将娱乐、文化艺术生产的内容原创支出作为固定资产投入纳入统计。

(三)文化产业投资的布局与效率问题

社科院课题组分析了我国2008—2012年的文化产业领域总投资情况(刘德良等,2014,41-64页),发现在市场化改革大力推进之后,资源配置出现以下偏差问题。

第一,内容生产无形资产投资比例下降。文化产业的投资从2008年的不到1万亿元增加到2012年的大致2万亿元,规模翻番。除了传播渠道建设为主要

---

① 其实伴随制造业物质生产过程、软件业的产品开发实施过程,也都有类似的"无形资产"在产生,除了研发成果之外,生产过程知识、生产线和供应链上的管理经验、人力资本、信息资本等都在积累中,起着提高生产率的巨大作用,这些"资本品"也同样缺乏会计和统计制度的记录体系。

有形投资重点（2012年的投资额达到8922亿元）外，其他热点是文化地产、文化旅游等有形资产投资，而与内容生产相关的无形资产投资比例在逐年下降，从2008年的54.8%下降至2012年的39.1%。政府的产业政策和财政补贴长期脱离市场规律。

第二，公共文化领域投资不足。与休闲娱乐相关的无形资产投入居然是公共文化艺术领域（艺术表演、博物馆、图书馆、文物、群众文化、人文科学研究）投入的30倍。

第三，总资产回报率位居中等。2012年统计显示文化部门的资产总回报率为8.3%，平均净收益14%，这个数字远远高于中国制造业，但是低于房地产、金融业、互联网等产业。更加低于国外文化产业水平，比如，在2013年法国文化企业的平均利润率为29%[①]，其中电子游戏发行、电影发行、电视节目生产和发行企业的利润率分别达到68%、64%、54%和51%，如此之高的利润回报我们认为是与法国该领域特定的保护政策有关。

第四，内容生产环节的效率和资本回报都低于其他产业链环节。内容生产环节的净资产回报低于传播环节4.6个百分点。文化内容生产环节的人均工资仅仅是文化传播渠道环节的50%；影视行业投资虽然较热，但是受到版权衍生品收入比例低、国产影片影院放映率低等因素影响，回报并不理想。影视投资扎堆、跟风现象严重（如抗日剧、谍戏、"小清新"类型剧等）。

第五，金融配套产品服务不够、直接融资比例过低。成长期的文化企业常用的融资方式还局限于银行贷款，需要资产抵押，手续繁杂，中长期银行贷款比例偏低。直接融资规模偏小，截至2012年，共有100家文化企业IPO上市，平均融资额度为10亿元；每年信托产品为文化企业融资大致为100亿元。银行间债券市场成为企业债券融资主要通道，2012年超过441亿元。但与2万亿元的投资相比，仍然是杯水车薪。

---

① 国外数据见"世界主要经济体文化产业发展状况及特点"报告，来自国家统计局网站。

不过，随着新媒体和移动互联技术与应用的相互渗透，私募股权基金投入加大，2006—2012年平均在150亿元左右。已经成立的文化类综合股权投资基金在40个左右，募集目标高达1200亿元；目前公布了基金募资规模的30只基金共募集资金约726.52亿元，基金单只平均募资24亿元。未来，更多的社会资本看好文化领域产业基金，并购基金发展趋势，看好市场化的资源整合机会，直接投资比例上升，投资整体效率有望提升。

（四）关于文化产业改革方向的两种不同思路

以张晓明研究员为核心的社科院课题组的核心改革建议是坚定推进市场取向的改革、释放发展红利。其基本判断是："文化市场……长期的双轨制造成（国内）市场隔绝、价格扭曲、寻租盛行、利益固化，以及政府与市场界限不清……市场发育水平落后。"

具体建议内容包括七项：

（1）消除行业壁垒、部门垄断，形成文化法制保障下的统一市场，以及"市场自律机制"，引导要素向优势企业集中，培育一批骨干企业和战略投资者。

（2）加快混合所有制的推进，加快国有文化企业重组和上市的步伐。

（3）转变政府职能，推动从"办文化"到"管文化"的转变。

（4）落实"政企分离"，推动建立国有文化资产出资人专业化制度，推动资产管理社会化，经营者薪酬改革试点，提高国有资本运营效率和文化投资综合效益。

（5）完善有行业针对性的会计制度、统计体系、税收制度，鼓励文化信贷产品融资、股权投资、版权评估与交易平台设计等安排；加大基于版权保护制度的完片担保、版权预售、夹层资本等金融衍生品配套创新试点与政策完善。

（6）财政投入应该向欠发达地区、民族地区、困难群体、产业薄弱环节倾斜，更好地解决服务公平性问题，其他公共资金投入重点是传统文化保护、文化内容原创和海外文化传播渠道建设等。

（7）完善政府资金使用效益的评估机制。

张晓明课题组意识到了文化产业发展与改革政策的复杂性：

第一，发展文化产业过去常常是"宣传部门热而综合经济部门冷"，宏观经济管理部门似乎没有为这个具有新的经济规律特性的新兴产业做好"提供必要而特别的公共服务"（包括政策创新、市场管理等）准备。理由似乎是宣传部门对于追求产业发展业绩认可度，以及项目寻租积极性更大，但是他们在公共政策制定上却往往不够专业。从我们与上海社科院创意产业研究中心王慧敏研究员小组研讨的情况看，上海文化创意产业规划与政策组织得当，是由市委宣传部和市府经信委联合办公室来推进的，从而克服了部门不协调问题。

第二，"体制改革悖论"。"在政治体制改革的攻坚期（按照市场的规律来）发展文化产业，与相关领域的改革难协调。"理由是：虽然从2003年文化体制改革试点之初就确定了文化产品双重属性，明确文化建设与市场经济基础的从属关系——商品属性是普遍的，意识形态属性是特殊的，但如何"坚持把社会效益放在首位、社会效益和经济效益相统一"的总要求，如何利用资本力量引导内容健康生产，如何建立政府调节市场、市场调节企业的治理框架，当前的政策信号并不清晰。

应该说，从"体制两难"到"改革悖论"的确是实在的难题，也是本战略研究在后面几章中试图破题的一个问题。

与张晓明研究员相反，胡惠林教授不认可那种基于"单边化市场改革思维"的政策。他的立论依据，一是基于任何意义上的文化产业所供给的文化产品都具有准公共产品的性质，都是在影响人民的文化消费习惯、价值观再生产。二是借助文化产品的生产和供给方式，可以有效地消解社会心理压力、疏导社会情绪，达到和谐社会治理。

他曾经旗帜鲜明地指出，市场化的"单边发展道路"是非均衡的，"以纯粹的GDP为衡量标准，把文化产业完全视为经济发展的一个部类纳入经济战略的发展轨道，以经济指标要求制定文化发展战略"是不可取的；而另外一种"社会化"的多边均衡的市场化发展道路，是"以多元的价值建设为导向、以复合的文明发展为标准，……以市场经济的方式发展文化产业，满足人们建设文化消费的多样性；是以价值目标的要求"制定文化产业发展多元化目标，更加符合我们的国情需要（胡惠林，2014，第9页）。

在多边市场化道路上，正确处理好政府、市场和社会的关系，其中最核心的问题就是如何建设统一开放、竞争有序、体现公平正义的现代文化市场体系[1]，包括以下三个方面。

第一，破除"行政的文化市场"。最大限度地提供文化生产要素和文化商品流通的"无障碍化"和便利性，减少政府对文化生产经营的刚性干预。

第二，二次分配消除文化分配鸿沟。政府有针对性地采购，把部分满足个人消费的文化产品转移成公共文化服务产出，实现财富二次分配，提高文化服务均等化供给程度。

第三，体系性建构文化市场的公平与正义。首先，最大限度地破除利益集团对文化市场资源的绑架与不公平"定价权"；其次，减少市场投机性"像投资房地产那样投资文化产业……会毁了中国的文化产业"，因此甚至"没有必要扶持文化产业的金融属性……不以投资品为主导，……体制改革不能以培养文化产业的上市公司为主导"（胡惠林，2014，第8页）；再次，最大限度地开放市场准入，鼓励个人、社会团体、小微创业企业的进入，破除利益集团的垄断地位。[2]

最大限度地激活和发挥人民群众在文化创造活动中的主体地位，在实现充分公民文化权利的同时履行充分的文化责任，既与市场准入有关，也与改变社会治理模式有关，因而"是政治问题，是政治文明程度问题"。因此，需要在实现从文化管理向文化治理的转变过程中，转变政府职能，简政放权，认识到保障文化市场

---

[1] 这里的观点整理归纳依据主要基于对于胡惠林教授的访谈"实现国家文化治理能力现代化"，载于《中国社会科学报》网站，2014年1月9日。
[2] 胡惠林："文化产业的市场进入不是经济问题，而是政治问题，是政治文明程度的问题……是民主化程度所达到的国家治理自信心和'善治'的表现"。

的多元化精神产品供给、文化原创内容质量，在很大程度上是大批的社会团体法人积极参与努力的结果，而不是政府努力的结果。胡惠林教授的部分观点如图2-6所示。

> 从加入WTO开始，主导我国文化体制改革的是市场主导型、片面的"单边发展战略"，取得成就同时也积累新的矛盾：城市化与乡村精神文明资源的流失、新型城乡对立、经济取向与核心价值观矛盾、文化权利的公正分配、传统文化与新兴文化发展结构失调、政府动漫产业振兴赤字等。
>
> 市场的发展使中国面临一场文化冲突，市场不该成为唯一主导文化发展的价值导向。但在某种程度上，市场只和资本联系……为了利润，资本可以不惜手段，包括毁灭真善美。文化产业需要把市场作为晴雨表，但不能够作为唯一的风向标。文化发展需要明确的价值导向。
>
> 文化治理核心在于政府发挥主导作用，社会参与共治。是国家通过采取一系列制度安排，……突出了人民、社会与国家的能动性和自主性、治理主体的多元性，共商妥协性。

图2-6 胡惠林教授关于"单向市场化改革"与"文化治理"的核心观点

我们认为，张晓明团队关于进一步市场化／政府职责明确的7项主张是重要但还不充分的。单边化市场改革措施只构成必要条件，而不是解决"体制悖论"问题的充分条件。只有基于文化产业特殊性，尤其是从内容原创规律特殊性出发，才能够把握改革的长远方向，才有解决"体制改革悖论"的机会。

我们认为，胡惠林教授关于市场化条件下充分发挥社会组织作用更加关键，建构企业法人治理、社会团体法人治理和国家文化治理"三位一体"的治理机制主张更有战略性。在下面的研究中，我们也将把这二项主张具体化为中长期发展关键举措与目标。与胡惠林教授不同的是，虽然关注某些金融属性会误导文化产业发展的风险是必要的，但是未来不能不注重大力发展产业的金融属性。金融产品与体系的支持是一个产业市场化发展壮大的重要前提，是一个关系到价值观生产的产业。

正是因为文化产业／事业的发展不是"单边化"的，而是社会化的、复合型目标的，下一章研究就始于广义文化战略和文化社会的功能定义沿革，以及过去

80～100 年间，美国社会和中国社会基于自身国情需要在文化战略方面的实践经验总结。

参考文献

［1］陈少峰.文化产业战略与商业模式［M］.长沙：湖南文艺出版社，2006.

［2］国家统计局，《世界主要经济体文化产业发展状况及特点》报告，国家统计局网站

［3］郭建宁，等.中国文化强国战略［M］.北京：高等教育出版社，2012.

［4］胡惠林.我国文化产业发展战略理论文献研究综述［M］.上海：上海人民出版社，2009.

［5］胡惠林.中国国家文化安全论［M］.上海：上海人民出版社，2005.

［6］胡惠林.中国文化产业发展战略论［M］.北京：经济科学出版社，2014.

［7］厉无畏.创意产业推进文化强国策动力［M］.郑州：河南人民出版社，2014.

［8］刘德良，等.中国文化产业投资的现状与趋势［M］//张晓明，等.中国文化产业发展报告.北京：社会科学文献出版社，2014.

［9］彭翔.中国省市文化产业发展指数报告 2014［M］.北京：中国人民大学出版社，2014.

［10］普华永道咨询公司（PWC）.全球娱乐与传媒市场展望》Global Entertainment and Media Report.系列报告［R］.2012，2013.

［12］祁述裕.中国文化产业国际竞争力报告［M］.北京：社会科学文献出版社，2004.

［13］熊澄宇.文化产业研究战略与对策［M］.北京：清华大学出版社，2006.

［14］熊澄宇.世界文化产业研究［M］.北京：清华大学出版社，2012.

［15］王慧敏，等.创意设计之都：全球概览与上海战略［M］.上海：上海社会

科学院出版社，2014.

［16］王岳川，胡淼森.文化战略［M］.上海：复旦大学出版社，2010.

［17］向勇，喻文益.区域文化产业研究［M］.深圳：海天出版社，2007.

［18］叶朗.中国文化产业年度发展报告［M］.北京：北京大学出版社，2014.

［19］张晓明.中国文化产业发展报告［M］.北京：社会科学文献出版社，2013，2014.

［20］朱建纲.文化产业发展战略研究［M］.长沙：湖南教育出版社，2006.

第三章

文化功能决定论与基于国情的文化战略实践：理论与现实

根据社会学家和人类学家对于文化的定义，它是社会的全部行为方式及其再生产的子系统，包括价值观、道德、习俗、象征、法律、权力体制与人际关系等。文化是一个民族的灵魂和精神血脉。美国社会学家出身的政治人物丹尼尔·莫伊尼罕说过这样一句著名的话："保守地说，真理的中心在于，对一个社会的成功起决定作用的是文化，而不是政治。开明地说，真理的中心在于，政治可以改变文化，使文化免于沉沦。"[①]

一、关于文化的四大社会功能的论述

我们归纳文化的四大社会功能分别为：第一，文化的意识形态再生产，以及通

[①] 转引自塞缪尔·亨廷顿《文化的作用》，见塞缪尔·亨廷顿、劳伦斯·哈里顿：《文化的主要重要作用——价值观如何影响人类进步》，新华出版社 2010 年版，第 8 页。学者莫伊尼罕曾经担任美国驻印度大使，之后长期担任纽约州的参议员，直到希拉里接替他就任这个职位。同样，我们回顾中国不同历史阶段的文化、政治与社会发展的互动，观察文化融合力及文化功能的作用，也足以证明这句莫伊尼罕的名言中包含的辩证规律。李波：《增强中国文化的现代融合力》，载于《华夏时报》，2015 年 4 月 20 日。

过意识形态对社会成员产生潜在的行为规范功能。第二，文化的传统教育继承与传统创新功能。第三，文化对一个国家软实力打造，抵抗文化霸权主义与强化内外吸引力功能。第四，文化参与打造后工业阶段国家/地区创意经济竞争力的功能。

（一）文化的意识形态再生产与社会治理功能

葛兰西第一次提出了社会上层建筑体系中"文化领导权"（功能）的概念，并且将文化塑造大众世界观的"意识形态功能"通过他的"隐形治理"的理论加以解释。文化的定义是什么呢？葛兰西的回答是："它无疑是指彻底的、统一的和在整个民族普及的'对生活和对人的观念'，是某种'世俗宗教'，是某种'哲学'……即应该产生某种道德、生活方式、个人与社会的行动准则。"[1]

他进一步明确地说："每个国家都是伦理国家，因为他们最重要的职能就是把广大国民的道德文化提高到一定的水平，与生产力的发展要求相适应。学校具有正面的教育功能，法院具有镇压和反面的教育功能，因此是最重要的国家活动。"[2]

继承葛兰西的衣钵，法国左派哲学家阿尔都塞认为："意识形态是具有独特逻辑和规律的表象体系，它在特定的社会历史地生存着，并作为历史而起作用。"[3]同时，文化作为意识形态对于人的控制不是公开的，而是隐蔽的、内化于每个人的思想意识之中。可以看出，葛兰西理论是我国文化学者今天论述文化发挥社会行为内部治理与控制功能的最主要思想来源，胡惠林教授的"国家文化治理"概念的实质，就

---

[1] 安东尼奥·葛兰西：《论文学》，吕同六译，人民出版社1983年版，第2页。
[2] 安东尼奥·葛兰西：《狱中札记》，曹雷雨等译，中国社会科学出版社2000年版，第214页。
[3] 转引自徐崇温《西方马克思主义》，天津人民出版社1982年版，第552—553页。这里要指出，葛兰西的理论也启发了早期的法兰克福学派的文化批判理论。如阿多尔诺、马尔库塞都把艺术看作是否定资本主义现实、实现人的解放的必要手段。马尔库塞说："对美学的和道德的需要的压抑，是统治的一个工具。"而"道德的、精神的官能，在今天如果得到发展的话，是归属于一个和物质存在相分离和凌驾于其上的文化领域的，而在（革命后的未来社会）那时将变成物质生产本身中的诸因素。"同上，第362页。

是葛兰西的"隐形的社会治理模式"的中国版。

（二）文化传统继承与传统创新功能

文化的价值观再生产第一功能又将通过对社会消费方式、积累方式、教育方式的多方面影响，促进文化的传承与创新，从而对一个社会的生产力发展、政治体制发展产生积极或者消极的影响。

兰德斯教授在其《国富国穷》一书中的核心结论是，从世界率先取得经济与社会现代化成就国家的发展历史来看，可以清晰地回顾文化因素决定的人力资本形成过程，因此文化的积极功能对于现代经济社会的形成非常重要。这里，兰德斯显然是在支持用"广义的韦伯命题"解释现代工业体制发展的文化解释。[①]

和兰德斯持有同样观点的还有曾经在美国国际开发署担任驻拉丁美洲办事处负责人15年之久的劳伦斯·哈里顿，作为哈佛高级研究员，哈里顿基于拉丁美洲150年的经济体制与民主政治发展曲折道路的分析与基于个人切身经历的观察，强烈建议道："文化价值观……的作用一直大体上受到政府与发展机构的忽视。我相信，将改变价值观和态度的因素纳入发展政策安排和规划，是很有意义的办法，会确保……世界不再经历过去……所陷入其中的贫困和非正义。"[②]

荷兰学者冯·皮尔森基于"文化问题的工具化"思路，第一次明确提出文化战

[①] "这并不是说，韦伯所谈的资本家"理想类型"只能存在于加尔文教派以及由它演化而成的其他教派之中。所有各种宗教信仰和不信教的人都可以成为理性、勤奋、有条理、讲实效、整洁和严肃的人。他们也不一定都是商人……在我看来，韦伯的论点在于，在16~18世纪的北欧，宗教鼓励了原先曾经是少有的、冒风险的这类人的大量出现……创造了我们称之为（工业）资本主义的新经济（一种新的生产方式）。"日本是除了西方国家之外第一个实现了工业化的国家，至今仍为后进国家起榜样作用……日本人的成功，部分的原因在于他们有强烈的集体负责的精神……在一个没有正规的宗教教育和礼仪的国家里，学校成了道德品质和伦理教育的殿堂……这就是韦伯的新教伦理的日本版本。在政府倡导现代化和民众集体致力于这一目标的情况下，有了这样的职业道德，所谓的日本奇迹才成为可能。"兰德斯：《国富国穷》，新华出版社2001年版，第733页。

[②] 劳伦斯·哈里顿：《文化为什么重要》，见塞缪尔·亨廷顿，劳伦斯·哈里顿：《文化的主要重要作用——价值观如何影响人类进步》，新华出版，2010年版，第43页。

略的概念,在 1970 年提出了文化概念"动态性"创新解释,并且论证了基于该定义的"文化战略"具备的传承与创新功能。他认为,"文化"这个术语与其说是名词,不如说是动词……它主要的不是意指……客体或产物,而是首先意指人制作工具和武器的活动……以及……各种行为模式……文化的一个方面是传统……即规则的传递……是包含在人的活动的变化之中的,是包含在现有文化形式所体现的无数变化和发展的可能性中的。①

关于文化战略的含义,皮尔森解释为"任何一个既定的文化形式所奉行的总规则体系,……它是关于固有性和超越性之间关系的一种具体战略"。文化战略是"一种规划……人的集中于未来的战略……致力于……调节人与世界之间的关系"。在这个意义上,皮尔森认为,文化战略选择与主动的运行,意味着对于"既有文化知识"的影响甚至改造人类未来命运的自信,意味着在固有的给定选择之外(传承性功能),还可能有更加合理的选择(创新性功能)。

(三) 文化软实力与文化霸权主义功能

必须指出,无论是葛兰西的理论还是皮尔森的理论起初都是从整体文化演变的假设出发构建的,本身不涉及文明之间的差异性问题,也不涉及文化集团之间竞争问题与战略博弈问题。但是自从萨义德在 20 世纪最后二三十年开创了后殖民主义文化霸权批评理论以来,葛兰西的传统就扩展到地域文化集团之间关系的审视上来了。萨义德认为,与国家文化霸权对民众的价值观、秩序观念的改造,凭借的是思想文化熏陶与心理灌输而非强制类似,正是通过以西方现代性为代表的启蒙文化观念深入人心的传播力量,从而促使非西方人包括殖民地的知识分子的思考方式、自身审视自己民族历史的方式等,都不自觉地浸染了西方观念印记,在意识与无意识层面

---

① 冯·皮尔森:《文化战略——对我们的思维和生活方式今天正在发生的变化所持的一种观点》,刘利圭等译,中国社会科学出版社 1992 年版,第 2 页。北大的王岳川教授指出,皮尔森的文化观念与冯友兰先生的文化观有惊人的相似。

上都被文化霸权征服。① 文化的软实力功能因此受到重视。

冷战期间发生在东西方二大对立军事集团之间的对峙,自然使得在文化层面一度也发生很激烈的对抗,但冷战主要还是表现为地缘政治意识形态的直接对抗和"代理人"战争、文化层面战争有一边倒和不对称的说法。② 有关区域文化／文明集团之间战略博弈的概念应用与理论发展,则要等到冷战结束之后、美国领导的"全球化"高潮来临之时才开始的。

又是美国的政治学者揭示了西方美国主导的国际体系下不同文化集团之间可能发生的冲突与博弈情景。在美国1993年的《外交事务》刊物上,亨廷顿一篇《文明的冲突》文章引发了经久不息的批评与反批评的热浪;而在此之前的1989年,约瑟夫·奈已经提出了国家软实力主要是包括文化制度吸引力及文化包含的意识形态渗透力的概念。③

全球的文化战争悄然兴起,取代了冷战时期的争斗模式,美国之外的知识分子开始急于论述葛兰西式的"文化霸权"在当下是如何运作于全球文化权力场上,他们急迫关注本土文化的身份与命运问题,支持政府制定时代性的国家／区域文化集团层面的"文化战略",该战略的目的旨在与具有强势传播话语权的"文化霸权主义"做有效博弈、妥协与互动,并通过调整自身文化体系"固有性和超越性之间关系",加强软实力建设,主动规划国家命运的未来。

基于法国解构批评传统的思想家马特拉在《传播的世界化》一书进一步揭示了传播与"权力场"的共谋关系,大众理解的世界乃是传播话语权与传播技术权结合的结果!"传播"合法性与西方的全球化文化霸权要求紧密结合!马特拉解读了福山等在苏联解体之后传播"意识形态历史性终结"神话的霸权心理根源,批评亨廷顿

---

① 爱德华·萨义德:《东方学》,王宇根译,三联书店2000年版,第9页。
② 麦克斯韦尔:《信息资本主义时代的批判宣言》,华东师范大学出版社2015年版。
③ 塞缪尔·亨廷顿:《文明的冲突与世界秩序的重建》,中信出版社2012年版;约瑟夫·奈:《软力量——世界政坛成功之道》,东方出版社2005年版。

文明冲突命题也是基于某种"善恶二元论"先验道德优势感而发。[①]

要认真反思和学习法国的"文化例外"成功道路，这是文化自觉性极强的法兰西民族为抵消美国文化帝国主义"强势渗透"与"技术优势"而采取的独特战略与策略选择。

（四）打造创意经济竞争力的文化功能

随着21世纪后工业化社会的新型生产方式的到来，人们开始更加关注文化的第四种强大功能，即关系到富裕的国家/地区创意经济竞争力打造与繁荣发展的功能。一个富裕的后工业社会其核心产业首先要解决的是如何满足日益增长的心理、娱乐、休闲的体验式消费需求，随着实体制造经济地位与工业产品相对价值的下降，广义的创意娱乐经济自然成为社会的核心产业。这种经济是以数字化技术、软件硬件结合为基础的，以版权产业链资本驱动的、以内容和艺术原创为核心的一种生产方式新形态。后工业数字化时代文化的第四功能作用发挥将空前凸显。

在这个背景下，文化战略的研究目的更多的是产业视角下的国家博弈，即如何通过国家政策干预等有形的手，影响"战略性的"高级禀赋资源的配置，从而对未来新兴创意产业形成轨迹加以塑造。这是自由派经济学家希望避免的领域。因此，文化产业国家干预的理论基础更多的是来自传统经济学家圈外的一位曾经的物理学博士、后来成为企业与产业竞争理论大师的哈佛教授迈克尔·波特，他在著名的《国家竞争优势》实证研究一书中提出了国家发挥产业升级"高级禀赋要素"聚集引导作用的"钻石模型"[②]，从而为过去15年来英国、日本，韩国等国的政府首脑大张旗鼓地制定"创意和内容产业立国"规划与推动多层次的政策实施奠定了观念的基础。

---

① 阿芒·马拉特：《传播的世界化》，朱振明译，中国传媒大学出版社2007年版，第141页。
② 迈克尔·波特：《国家竞争优势》，中信出版社2012年版。

二、文化战略制定的国情环境——美国文化政策与战略目标的历史演变

从罗斯福总统开始，美国是全球最重视国家发展战略研究的国家。美国的国家文化发展战略在经历了一个从隐性向显性、从短期目标向中长期战略的演变之后，不仅形成了一整套完整的国际文化战略竞争的理论和政策系统（如"软实力理论"和"文明冲突论"），而且还形成有效的、分散网络模式的国家文化战略反应机制和自组织传统。

（一）"战略自觉"阶段——树立美国文化自信，摆脱欧洲中心主义

1. 1935—1944年：罗斯福新政时期

在罗斯福的WAP就业振兴项目中，第一次由联邦政府设立了文化扶持计划——代号为"联邦1号计划"。该计划下面雇用了几万名失业的艺术家从事文化普及项目以及公共文化事业，口号是 Chicken in Every Hot Pot and Fine Art in Every Home。罗斯福的目标是在实现新政 New Deal 推动的就业和经济增长同时，推广大众的、民族的、非欧洲的文化意识形态。其标志是罗斯福在1941年华盛顿国家美术馆揭幕演讲中宣告："美国人不再是乡巴佬，而在开创自己的文化，并且将成为欧洲艺术文化的保护者。"随着希特勒政权灭绝犹太人政策的实施，大批犹太血统的艺术家、科学家，以及欧洲各国不少文化精英都纷纷流亡和定居美国，包括物理学家爱因斯坦、费米、经济学家熊彼得、社会学家德鲁克等。在战争结束之前，随着原子弹技术研究的成功，美国的理论科学技术水平已经达到了世界一流水平、超越了欧洲。随着美国主导的战后金融、政治秩序建立与支持去殖民主义化的道义运动，再没有人把美国仅仅视为一个发了二次"战争财"和一个具备全球最大工业规模的"土豪国家"了，美国成为西方世界的领导者和保护者。[1]

---

[1] 在美国参战之前，大英帝国的黄金储备完全用于支付美国供应的战争物资，国力耗尽，无法拒绝美国在《大西洋宪章》中提出的去殖民主义要求，实质是对欧洲老牌帝国主义全球实力范围的一次洗牌。法国的戴高乐流亡政府依靠美国的装备和资金才能够生存。

2. 1945—1963 年：冷战文化政策与美国模式形成

冷战开始之后。美苏意识形态与军事力量的对立首先在欧洲西线拉下"铁幕"。美国国务院的策略是通过在欧洲推广"美国现代艺术计划"，争取欧洲的左派知识分子，孤立苏联。国务院的拨款计划在国会中被以麦卡锡为首的极右派实力阻挠，此时，中情局的机构使用秘密预算接手，一是赞助欧洲的左派自由知识分子刊物 Encounter，二是联合洛克菲勒基金会支持现代艺术博物馆参与对抽象艺术家的支持，执行打击苏联的文化政策[1]。马歇尔援助计划、大西洋公约组织的安全保护，以及各种基金会项目对于欧洲文化界的无孔不入的渗透，很大程度上结束了欧洲文化中心主义优越感。但也引发了戴高乐将军的"法国例外主义"的反抗。

在亚洲情况类似。朝鲜战争爆发形成了冷战的东方战线与两大阵营的军事冲突热点，此时拉拢与安抚被占领的日本至关重要。即将出任国务卿的杜勒斯在 1952 年请洛克菲勒三世出马，访问日本，并且请洛氏组织基金会来研究战后美日关系交往与重建的对策。洛克菲勒三世秘密提交了《美日文化关系报告书》，开启对日本知识界精英的"软性征服"计划。比如，在这个计划的协调之下，教会各个组织派驻 3.5 万名教士、牧师驻留战后的日本。多种文化交流方式推行之下，终于形成了日本知识界精英对于美国的"半永久性依附"心理状态及可靠的反共同盟，[2]并且主要依赖日本周边的基地，形成了对于中国的第一岛链遏制包围，至今仍然是美国"亚太再平衡"战略的基石。

3. 美国冷战文化战争的经验与反思

国务院 / 中情局的举措与坚信西方自由主义价值理念的民间基金会完美配合，

---

[1] 安德鲁·鲁宾：《帝国权威的档案——帝国、文化与冷战》，商务印书馆 2014 年版。
[2] 关于第二次世界大战结束之后一直到今天，日本对美国文化半依附心理形成的背景与美方策划的根源，日本学者松田武有十分详尽的研究，松田武：《战后美国在日本的软实力》，商务印书馆 2014 年版。

实现了新帝国的文化政策与外交政策的独特结合。这样一种实用主义模式，奠定了延续至今的美国民间外交软实力基础。

（二）内部文化治理机制与多元化文化模式的探索与形成

1. 1963—1980年：配合社会发展总体战略，在联邦层面的全国文化建设与精英引导政策

随着古巴事件的和平解决，随着赫鲁晓夫提出两大阵营的和平竞赛、和平共处策略，冷战进入第二个阶段。美国总统约翰逊也推出民主党的"伟大社会"Great Society项目，这是一个克服贫富差别、推进科学文化与物质基础设施建设的国家战略。在此之前的1959—1961年间，又是洛克菲勒基金会智库发起、委托当时的哈佛大学教授基辛格主持完成了7份国家发展的前瞻性报告，为美国民主与共和两党的新社会政策奠定了基调。基辛格在基金会的同事、基金会副总裁南希－汉克斯在1965年主持发布"Performing Art"报告（史称7+1报告），该报告发表之后一年，促成了关于设立NEA国家艺术基金会的历史性跨党派法案（即《艺术及人文事业基金法》）在国会的通过。在此之前。美国的精英们就政府与市场在提高艺术质量、繁荣文化生活方面究竟谁主导的争论一直持续了整整8年，该方案的通过表明在这个历史时点上，美国的有识之士认识到仅靠市场运作、慈善基金的力量不足以保障与美国的国力和世界地位相匹配的艺术文化生活质量。

NEA代表的是一条高雅主流文化深入民间策略及扶持艺术家自由创作的多元化路线。尼克松大力支持汉克斯的NEA路线，亲自呼吁"让艺术走出纽约、加州，使美国人在各地能够享受到艺术，十分重要。"截至1990年，NEA动用22亿美元的联邦资金并且联合更多的社会资金，一共支持了8.3万份资助申请，资助项目覆盖的主要领域包括：民间艺术保护，艺术家进入中小学普及艺术，艺术巡回演出（艺术家的"上山下乡"）。在NEA的资助带动下，激活了美国的"非营利"艺术文化领域，带动了一大批艺术捐赠基金会的成立。

2. 1966—1979 年，开始"亚文化"革命挑战

1967—1968 年，美国校园爆发了学生运动，其基础是工业社会物质丰富之后的精神世界虚无感、现代社会的个人孤独感、民权运动及围绕越南战争抗争发生的社会分裂。在 1966—1979 年这个时期，产生了"反战""反主流"等所谓"垮掉的一代"的亚文化艺术表达需求，以 Bob Dylan、披头士代表的嬉皮士文化兴起，黑豹党音乐流行，美国特色的文化革命与文化战争开始。

3. 1980—1999 年，"内部文化战争"与"多元化文化"形成时代

随着里根总统入主白宫，开始了一个政治上的新时代。从罗斯福新政开端的，经过艾森豪威尔、肯尼迪、约翰逊，到尼克松一直都继承的那种实际存在的，通过联邦力量建设国家的社会精英共识终于破裂。随着在经济与社会福利政策领域自由主义、供给学派路线占上风，文化领域上，共和党保守派与南方基督教福音派联手，展开了对"左倾自由化"、基督亵渎、同性恋、无神论/进化论、堕胎等题材的声讨，特别是艾滋病 1984—1985 年爆发，以及多名欧美文化人宣布感染之后，文化战争进一步激烈，在 1990—1994 年，全美国发生 200 多起因为"禁书"、禁演节目与关闭展览事件的抗议与司法诉讼。1990 年老布什期间，NEA 在压力之下开始了采用政治潜规则来审查艺术家补贴申请，并且要求签署反淫秽条款，在发生"NEA4"抗议事件后，布什政府迫于国会独立听证会的开明压力，向艺术家群体做了妥协，但宪法法庭在 1998 年的介入却再次支持了保守派的主张。

4. 2000 年以后

随着亚文化的流行，以及少数民族多元权利的觉醒，随着后工业社会形态的形成，在美国的精英知识阶层中大部分人形成了一种共识，关于源于欧洲白人中心主义的高雅文化主流定义不再适用。因此，在文化政策层面，那种通过 NEA 实施的中央联邦文化集权推动精英文化普及的模式宣告过时。新时代开启，这是一个地方政

府文化政策与创意产业经济开始发展的时代；这是一个曾经被右翼打压的"亚文化"成为主流、文化多元化宽松环境形成的时代。第一位战后成长的"文化总统"克林顿也力推"多元化"融合美国社会新价值观，在他的任内通过了反对媒体与通讯垄断的"联邦电信法"，开创了美国创意与版权霸权经济时代。

5. 美国文化治理框架形成阶段的经验与反思

配合社会物质建设战略，通过 NEA 中央文化集权与文化指导的文化政策模式一度是有效的，但需要随着社会发展形态变化，及时转变为地方的、多元的、更加开放的文化指导政策。

文化治理离不开主流价值观的宣传。价值观在文化中的宣传是一个微妙的过程，是妥协的结果。必须和"亚文化""反主流文化"融合、妥协，葛兰西的理论是正确的。

围绕宗教意识形态相关的主题争议、艺术家自由表达的尺度、媒体监督、消息来源保护的边界、政府控制权力和信息安全的需求等问题，一直是斗争激烈的领域。但这种争议与斗争主要形式仍然是在法律的框架边界之内展开，一般都循司法途径解决。

（三）成熟文化帝国霸权阶段的特点

1. 2000 年至今，版权战略

美国政府与社会基金、院外集团、艺术家、文化教育方面的协调合作机制达到炉火纯青。好莱坞成为全球的艺术与商业性的最佳结合平台与最有人才号召力的高地，帝国霸权因此通过版权输出来完成，全球化时代软实力霸权战略竟然是依赖好莱坞。政府外交的角色是：在各种服务贸易和市场准入谈判中促进版权产业、特别是影视音乐产品准入的自由化程度。

2. MPAA——美国电影协会有强大的公关能力与资源

"借助与国务院、美国国会的密切联系，MPAA 实际上成为一个'准政府'机

构,可以不客气地说,如果说 MPAA 没有与美国政府、CIA 和 FBI 有瓜葛,很难解释美国电影何以在世界上具有如此越来越重要的地位和影响力。"法国学者马特尔如此评论。[①]

3. 理论高地

这个阶段,理论的思考与总结开始结出果实来,包括约瑟夫·奈的国家软实力战略理论总结。在他看来,文化、价值观、制度、外交结盟政策、国际话语权等都是软实力构成的要素,配合国家战略中的"硬实力"施展。哈佛教授亨廷顿完成了关于冷战以后各大文明冲突的战略理论总结,宣告了一个新时代的诞生。

4. 全球化时代资本纽带

全球资本在美国生产美国的全球文化意识形态:日本 Sony,澳大利亚新闻集团,法国威望迪,德国的贝塔斯曼集团等。

5. 关于帝国霸权文化的实践反思

由于文化产品生产过程、传播消费的心理独特性,营造宽松和多元化环境,借助产业与贸易力量,让具备基本相同价值观的私人社会基金机构与资本(不分国籍、不分左右的意识形态)来自主制定与实施对外的文化引导与渗透,往往更加灵活有效,这是美国模式分权式文化战略体系的力量所在!也是美国对于世界其他大国文化战略的竞争优势所在!

三、文化战略制定的国情环境——中国文化政策与战略目标的历史演变回顾

中国文化战略目标与政策实践回顾:文化战略实践在过去 100 年是如何服务于

[①] 马特尔:《论美国的文化》,商务印书馆 2013 年版,第 18 页。

中国的政治革命、社会动员与经济转型的。

（一）社会变革与政治革命阶段的文化战略

1. 1911—1940年从辛亥革命到五四新文化运动、再到国共两党合作时期

在民主主义革命及全民抗战的旗号之下，从反封建传统文化的启蒙运动，到现代国民教育体系建设、乡村自治建设，再到反对日本帝国主义的文艺救亡运动，"文化战略"的实现更多地通过自下而上的、来自民间力量的、由艺术家群体推动的方式。

必须提到的是，"五四运动"之后的20多年，在这个独特的民国动荡时代，产生了一大批文化大师与艺术大师，可以说群星灿烂。部分原因是借助教会的赞助与庚子赔款基金，中国拥有了亚洲一流的大学和教授团体。在20世纪40年代，作为金融中心的上海也拥有亚洲一流的电影公司和电影艺术家。

2. 1940—1952年新民主主义革命实践期

作为在"五四运动"中成长起来的一代新青年杰出代表，毛泽东高度强调文化的作用："革命文化，在革命之前，是革命的思想准备；在革命中，是革命总战略中一条必要和重要的路线。"1940年在《新民主主义论》中，他第一次提出了经济、政治、文化三位一体的战略目标："我们共产党人，多年以来，不但为中国的政治革命和经济革命而奋斗，而且为中国的文化革命而奋斗……建立中华民族的新文化，这就是我们在文化领域中的目的。"[①]尽管毛泽东当时没有接触到葛兰西的文化理论，但是两者对于文化意识形态的思考，以及文化建设新社会作用的看法是很接近的。同样幸运的是，共产党的早期领导人都是新文化运动的引领人物与旗手，因此与规模激进的、左翼的知识分子很容易沟通而实现大团结。瞿秋白和鲁迅的友谊仅为一例。

---

① 《毛泽东选集》第2卷，人民出版社1991年版，第663页。

延安文艺座谈会也是一次毛泽东式的葛兰西理论实践，为中共的革命事业找到培养大批政治性与艺术性高度结合的"文化艺术工作者"的模式——葛兰西的叫法是"有机知识分子"。毛泽东的策略是十分成功的，不仅绝大部分在延安的艺术家人生观和政治价值观完成了历史性的统一，也获得了国统区文化界先进力量的全力支持。从第一届全国政协的文化文艺界代表名单包括左派文人田汉、茅盾、郭沫若等，也包括自由派的熊十力、梁漱溟等，代表当时先进文化的中国知识分子基本"在册"。难怪毛泽东的政治对手蒋介石要感叹，共产党的成功，是赢在思想和"笔杆子"。由于知识分子阶层的大力支持，共产党在文化舆论方面实现巩固政权、提前完成新民主主义目标，并开始向社会主义制度的过渡准备。

3. 1953—1965年社会主义革命动员实践——国防与工业化基础建设时代

鉴于苏联斯大林政权后期暴露的问题，毛泽东提出了文艺与科学事业"百花齐放，百家争鸣"的方针和"古为今用，洋为中用，推陈出新"三项原则。但受到反右运动扩大化的影响，该方针仅仅完成了局部的实验，比如保护了一批"持唯心主义观点"的学术权威，他们的著作仍然可以小范围地流通；产生了一批发扬现实主义传统的优秀作家；扩大了新华社《参考消息》的发行面，提供不同的、对立面的舆论来源。但在反美主旋律下，在强调艺术家、知识分子思想改造的政治运动压力之下，文化领域总体上看，思想观点的交锋与辩论缺乏宽松自由环境，脱离了人才使用与培养规律，民国时期的一批文学大师如老舍、巴金和沈从文在这个阶段没有发挥自己的艺术才能，没有能够创作出类似《静静的顿河》这样获得诺贝尔文学奖的不朽之作。[①]

应该肯定的是，围绕着文化服从政治传统教育、改造自然的创新实践，此期间出现过一批具有梅花坚毅精神的优秀作品，具有较高宣传性与艺术性有机结合的

---

① 老舍先生的《茶馆》，钱钟书先生的《宋诗选注》大概属于例外。文化大师钱钟书先生的《管锥编》得以问世在1978年。杨绛先生的优秀文学作品发表也是在改革开放年代，巴金先生则错过了自己的最好文学创作年代。

水平。同时,发挥了计划体制优势,文教资源上山下乡、普及推广成就较大,远远领先同期世界上其他主要发展中国家,为国家的进一步工业化、现代化打下了良好基础。①

(二) 改革开放时期文化战略:防御型的控制与多元化发展政策

1. 1979—1992 年,短暂的所谓"二次文化启蒙"

面对国家发展现代化经济的"战略机遇期",邓小平坚决采取了改革开放的国策,在文化教育领域,提出了"面向现代化、面向世界、面向未来"的指导方针。作为改革开放的理论和舆论支持,就需要某种鼓励"现代性"启蒙运动与思想解放运动的造势配合,20 世纪 80 年代的确在中国也发生了一场相当规模与深度的基于普世价值观的"二次思想启蒙"。同时,80 年代的我国文化掌门人也执行了一条开明的人道主义色彩政策,纠正长期文化政策中"左"的偏向。另外,政治上要求坚持"四项基本原则"、用社会主义精神文明建设指导改革开放、指导文化教育领域的发展。

2. 1993—2005 年,稳定压倒一切

中共十四大确定了继续市场化改革的方向。同时,作为开放的承诺,中国加入了 WTO 组织。由于苏联东欧政权的急剧变化,各项政策都不免打上求稳的色彩。这个时期文化战略的研究和文化政策需求主要是体现在国家安全与防御西方的意识形态输入。作为策略工具组合,一是鼓励传统文化特别是国学文化的复兴成为主流共识,二是发展商业化、娱乐化的大众文化,鼓励文化非政治化、去社会教化功能。虽然这个时期也产生了一批优秀的艺术家(如王安忆、贾平凹、莫言、贾樟柯等)和不少家喻户晓的优秀影视作品(如《大宅门》《亮剑》《血色浪

---

① 作者认为,中共在 1950—1970 年为国家奠定的全民基础教育体系与专业教育体系的成就,印度直到今天仍然没有完成。这是中国计划体制财政优势发挥的最大长处。

漫》《激情燃烧的岁月》等），但是不难发现，艺术性与思想性同时结合好的优秀作品越来越少见①，甘愿承受寂寞、花时间力气亲身投入改革与现代生活实践的创作者群体也是越来越少。文化的"社会主义价值观"生产功能基本丧失。在文化领域主阵地上，一批价值观庸俗的艺术家纷纷成为被追捧的艺术明星，而另外一批体制内"精英"文化艺术家又陷入了"权贵化""奢靡化"的陷阱，为社会广为诟病。

3. 2006—2012 年，文化产业规划与发展探索时期

中共十七届六中全会第一次明确提出"建设社会主义文化强国"的战略目标和包括文化建设的"四位一体"改革要求。2008 年奥运成功举办显示体育与文化结合，举国体制强化中国国家品牌地位与和平崛起战略的优势，2009 年金融危机之后的 G20、G2 等国际社会对于中国的期待，也需要文化软实力的支撑。"十一五"可以被看作是一个文化产业振兴规划与体制改革推进实践的探索期。孔子学院开始作为全球汉语文化工程推出；全国"影视产业+动漫基地+文化产业园"建设形成"一窝风"（大部分是低效投资与地产商圈地概念）；多元化股份制、民营的文化与影视集团兴起。

这也是一个多元文化意识形态发展、互联网舆论与文化消费的"宽松期"，传统文化尤其是儒家文化回复强劲，以至于偏自由派人士也皈依了保守政治儒学行列；文化多元消费兴起热潮、文化舆论更加宽容：90 后青年人"亚文化"的时尚潮流、互联网播客大 V/公知潮流与文化言论自由，以及新媒体渠道创新这三者之间形成有趣的相互呼应。

4. 1993 年至今的文化政策实践的经验与反思

市场化、商业化不会自然带来"先进文化"；在文化庸俗化与奢靡化的风气下，

---

① 仅以国产电影为例：随着导演和演员的身价不断提升，2000 年之后的不少"商业大片"的制作和营销预算均堪称豪华水平，但千篇一律是极度缺乏社会思想教育、正面价值观传递的内容，总体的社会的影响表现不如 20 世纪 80 年代的作品。

文化自身成为商品的"牺牲品",失去行为教化规范功能,社会价值观、荣辱观严重失范。

文化事业发展、价值观生产与文化产业市场具备公共产品生产性质因而有其特殊规律,需要梳理。

防守的文化政策加上官方文化僵化语言容易导致舆论治理困难,文化政策也会因此失去发挥对内凝聚共识、团结不同阶层社群、特别是知识分子的作用。

作为国学的核心学说,儒家在传统文化中自然有其重要地位。但中华文明的形成是在先秦之前的2000年中,秦汉时期,才形成了儒家和道家作为重要继承者的地位,儒家思想也包含了许多其他流派的思想。先秦时期儒道法三家的关系相当的错综复杂。唐宋以来,佛教义理和道家、儒家学说相互渗透、融合。因此,那种用儒家思想作为中华文化唯一正统代表的主张其实是一种不全面的主张。

参考文献

[1] 冯友兰. 论比较中西 [M] // 三松堂全集, 第11卷. 郑州:河南人民出版社, 1986.

[2] 安东尼奥·葛兰西. 论文学 [M]. 北京:人民文学出版社, 1983.

[3] 安东尼奥·葛兰西. 狱中札记 [M]. 北京:中国社会科学出版社, 2000.

[4] 劳伦斯·哈里顿. 文化为什么重要 [M] // 塞缪尔·亨廷顿, 劳伦斯·哈里顿. 文化的主要重要作用——价值观如何影响人类进步. 北京:新华出版社, 2010.

[5] 塞缪尔·亨廷顿. 文化的作用 [M] // 塞缪尔·亨廷顿, 劳伦斯·哈里顿. 文化的主要重要作用——价值观如何影响人类进步. 北京:新华出版社, 2010.

[6] 塞缪尔·亨廷顿. 文明的冲突与世界秩序的重建 [M]. 北京:新华出版社, 1998.

[7] 兰德斯. 国富国穷 [M]. 北京:新华出版社, 2001.

[8] 李波. 增强中国文化的现代融合力 [N]. 华夏时报, 2015-04-20.

［9］安德鲁·鲁宾.帝国权威的档案——帝国、文化与冷战［M］.北京：商务印书馆，2014.

［10］麦克斯韦尔.信息资本主义时代的批判宣言［M］.上海：华东师范大学出版社，2015.

［11］阿芒·马拉特.传播的世界化［M］.朱振明，译.北京：中国传媒大学出版社，2007.

［12］弗雷德里克·马特尔.论美国的文化［M］.北京：商务印书馆，2013.

［13］毛泽东.新民主主义论［M］//毛泽东选集，第2卷，北京：人民出版社，1991.

［14］约瑟夫·奈.软力量——世界政坛成功之道［M］.北京：东方出版社，2005.

［15］冯·皮尔森.文化战略——对我们的思维和生活方式今天正在发生的变化所持的一种观点［M］.北京：中国社会科学出版社，1992.

［16］迈克尔·波特.国家竞争优势［M］.北京：中信出版社，2012.

［17］爱德华·萨义德.东方学［M］.王宇根，译.北京：三联书店，2000.

［18］松田武.战后美国在日本的软实力［M］.北京：商务印书馆，2014.

［19］王岳川，胡淼森.文化战略［M］.天津：复旦大学出版社，2010.

［20］徐崇温.西方马克思主义［M］.天津：天津人民出版社，1982.

第四章

关于文化产业塑造的五个规律——国际经验借鉴

产业塑造规律在我们的定义中，更多的属于制度经济学、产业地理经济学和技术经济学的内容，而不是指微观经济学应用与文化媒体经济的规律，比如IP版权无形资产收益率最大化的规律、衍生品利用的规律等。我们总结了五大规律如图4-1所示。

一、政府之手无所不在,优化文化公共产品投入资源配置与提升"正面外溢"效用

二、艺术原创内容的质量产出必要条件：一个"屏蔽了市场噪声"的实验性创造环境 + 一个市场化的发现机制

三、文艺与媒体言论自由表达尺度管理宜采取从宽控制的"灰度策略"，形成"政府依法+行业自律+独立司法"几方面博弈互让的"圆柔性治理"

四、创意产业的成功核心是营造吸引人才的环境，取决于"宽容指数、才艺指数、技术平台指数"

五、数字化时代的文化金融资本的全球化运作特点是"三高"：高度集中性、高度分散性和高度破坏性

图4-1 文化事业与产业塑造的五大规律

一、产业塑造规律一：政府之手无所不在、发挥关键作用

图4-2总结了五个主要文化产业领先国家的政府扶持政策与举措。总体看政府

之手是无处不在的，但是各国政策制定的国情与重点，却显示有很大差异。

法国是世界传统文化大国，也是国家文化干预色彩最强的市场化国家。直接采用混合经济体制，设立文化国企与事业单位；财政预算投入金额也是强度最大的，达到每年150亿美元，约占中央和地方二级支出的1.3%；尤其重视影视领域市场与文化语言传统的保护。

深度去国有化的英国一方面仍然保留了1000个左右的文化事业单位，继续国家预算扶持；另一方面从创意产业、未来数字经济竞争力打造的角度，创新了一系列其他扶持政策。得益于政府科学规划决策、统一协调，以及在基金和人才培养方面的持续投入，创意产业的比重占到GDP的8%以上。

和英法的财政主导不同，日韩政府直接用于文化发展的预算很有限。产业发展的资金主要是在政府倡导下，由大财团采用"联盟投资"或组建财团法人基金等方式来解决。政府的作用主要是通过诸多规划和产业立法，凝聚社会共识与监理目标，同时在宽带通信基础设施、专业人才训练平台、行业规范等方面加大投入，降低产业的总投入成本。

美国联邦一级的直接预算投入比日本还要少，更无法与欧洲国家比较。但联邦通过制定对公益捐赠免税的政策（501 c3条款），极大地促进了社会对文化教育艺术事业的捐赠热情，免税额度在250亿美元以上，并开拓了一个慈善捐赠的专业市场，资金效率比"欧洲式政府拨款"模式更有效。联邦的重要角色是推进版权自由贸易（如"中美电影输出协议"、打击盗版协议），以及打击国内市场垄断（如"联邦电信法""微软垄断诉讼案"）。

美国	法国	韩国	英国	日本
·NEA预算每年约2亿美元，国务院文化交流预算2亿美元 ·地方政府以免税、减税及其他多种方式，支持文化发展资金达到250亿~500亿美元（预测） ·501 c3税法 ·文化单位的所得税、地产税、消费税减免 ·1%支持艺术公共建设计划、文化市政债券 ·汽车特殊牌照税、六合彩、城市观光附加费等文化提成 ·639所电影学校 ·2003年EIC娱乐自由贸易联盟，301特别条款打击盗版 ·中美电影输出协议	·支持国有国营体制和传统文化传播，财政预算总额150亿美元，约占中央地方支出1.3% ·国家级重点艺术院馆预算政府全部承担，国家图书馆预算高达3.3亿美元 ·地方戏剧中心政府补贴部分达到50% ·7大电视台网络中3家是国营的 ·电影票国家CNC（1946年成立）统一印制，税收返补到影视产业发展 ·电视内容来源播出限制/欧盟文化贸易保护 ·融资信用担保、电影投资减税、其他补贴	·1999年出台《文化产业振兴基本法》，在其宏观指导下，成立机构、持续立法改进产业环境、抓紧人才培养 ·财政拨款和国债基金的预售方式设立文化产业振兴基金 ·文化部成立游戏投资联盟，每年投资5000亿美元建设产业基地 ·1998~2005年，3C战略指导下投入约200亿美元建设宽带网基础设施 ·72个大学开设游戏课程	·财政拨款每年55亿英镑，其中10亿英镑支持1000个文化事业机构 ·国家彩票收入提成投入创意产业基金 ·90%中小型创意企业1/3收入来自政府补贴、1/3社会捐赠、1/3经营所得 ·对图书、音乐出版、报纸免征增值税 ·调节不同文化子行业收入差距，实行差别税率 ·游戏产品出口企业获得50%退税 ·关于文化基金会/NDBB治理结构体系	·2002年文化厅预算为12亿美元，用途为培养艺术大师、新人艺术节与青少年人才计划、国际交流振兴文化艺术基金614亿日元运营用途广泛 ·政府参与投资中小企业信用担保公司支持文创小企业 ·1996年《文化立国方案》 ·2001年《文化艺术振兴基本法》《eJapan战略》 ·2002年《知识产权基本法》/2004年《内容促进法》《音乐软件输入权检讨》

图4-2 五个主要文化产业领先国家的政府扶持政策与举措

（一）法国案例：文化产业发展的民族独特道路

文化事物不能简单交给市场来调节，经济、文化和社会民主事业应该得到协同发展，这是法国各个阶层的自觉共识与主流价值观。为此，法国国家设立了"民族文化认同委员会"，其成员具备广泛的社会代表性。因此，无论是共和主义和社会民主主义党派人士出任总统还是文化部部长，法兰西独特道路上文化产业政策的主张始终是一贯的。[①] 其特点包括如下几个方面。

保证财政资金与产业化资金充足来源。法国中央和地方政府支出的总的文化事

---

① 《资本主义反对资本主义》的作者米歇尔·阿尔贝尔，曾任法国计划署署长和法国保险总公司董事长，现任法兰西银行货币政策委员会委员、法国伦理和政治科学院院士，他论证了法国人对文化、教育不放心交给市场机制的理论。

业预算为150亿美元上下，2000年以来，支出比例一直稳定在中央预算的1%、地方政府预算的2%水平。人均文化财政支出力度远远高出美国和欧洲其他国家。此外，政府牵头发起设立文化工业信贷，鼓励银行与财团投资电影产业等文化项目，并且通过文化部批准设立的影视产品信托公司发行金融产品为产业融资。对规模较小、难以贷款的文化企业，一般是申请中小企业发展政策性银行提供的项目贷款，并且通过混合所有制的专门影视业融资担保基金，获得借款额50%的信用担保，补贴后的手续费仅为0.8%。

坚持国有文化机构与事业法人体制。7大电视台网络中有3家是国有体制。国家级重点艺术院团的预算全部由政府承担。例如，法国国家图书馆的预算高达3.3亿美元，国家歌剧院2亿美元。歌剧院院长人选由文化部任命。在省、市各级的社会艺术团体与个人艺术家一般也能获得政府的补贴资助。地方戏剧中心属于半公益性机构（事业法人），通常会和政府签订为期三年的合同，完成合同后行政补贴部分可以达到50%。

依法规范文化市场。例如，《图书价格法》《著作权法》《法语规范使用法》（又称《杜蓬法》，指的是文化部部长杜蓬在任期内为了抵御英语流行表达对法语纯洁性的伤害而制定）、规范国际民间艺术节社会法人组织的《协会法》（1901年颁布）。

保持法国电影工业的独特竞争力。电影票由国家电影中心CNC统一印制，对电影票征收11%的特别税（其他商品税率为19.6%），全部由政府使用，用从电视网络及视听媒介产品销售税收所得中部分收入来设立特别基金，用于法国电影制作和发行、影视技术的创新数字化、电影艺术国际交流等领域的补贴。对电影的制作出品补贴采取"消富济贫"的做法，通过专家的参与评价，对艺术性强但是票房不好的电影，以及实验性强的电影给予较大比例的补贴。

文化视听领域的保护政策。针对美国影视、音乐产品的大众化、流行化优势，在当年WTO乌拉圭回合谈判中，法国联合欧盟国家一道，坚持"文化产业例外"的国家贸易保护主张，获得视听领域自由化的豁免权利。欧洲国家的电视节目为欧洲自产视频节目保留至少 50% 的份额，可以自行上调；法国规定保留 60%，而法国本国节目必须达到 40%，规定电台音乐节目的 40% 必须是播放法国音乐。

发挥法国巨型集团/国有企业责任。法国的大型企业一般都有国家的股份，它们也承担起发展文化事业的社会责任，设立专门的文化公司或设立公司基金会下属的文化资助委员会，如法航的基金会就专门关注对年轻音乐家、美术家新秀和各大艺术节活动的赞助，或者参与国际间文化企业和品牌的大宗并购。

设立创意产业特区。针对移动互联、数字化技术发展，在特区采取更加优惠政策，促进数字电视、3D 数码电影、视频点播、电子出版和数字娱乐产业门类发展。

从政策实施效果来看，美国电影从 1998 年 68% 的市场占有率降低到 35% 左右（2003 年以后），法国电影则从 27% 的占有率上升到 40% 左右。法国拥有欧洲最大、最现代的电影城，一批世界级的电影大师和优秀演员，法国的戛纳电影节奖项具有世界性的影响，仅次于美国的奥斯卡奖。从趋势来看，法国政府和文化界人士主张有条件地借鉴和学习美国模式，采用更多的市场化及金融资本手段，以更多文化产业集团的多元发展、更多市场领域的开放，来参与全球范围文化产业的竞争。

（二）韩国案例：制定产业目标、构建法律规范环境的组合扶持政策

危急时刻树立生产业雄心。1997 年亚洲金融危机之后，韩国接近 1/3 的银行倒闭，但文化产业成长十分活跃。1999 年通过《文化产业振兴法》，显示了文化产业作为国家主要战略产业的意志。依据该法成立的官产学界人士组成的"文化产业振兴委员会"，负责审议政府部门提出的产业计划及相关政策。

法律方面审批开放与版权管理创新。根据产业振兴需要，制定与修订关于游戏、电影、唱片、视频行业法律，取消审批，简化行业准入为备案制，开放竞争，扩大供给，加强行业自律规范的秩序，把电影伦理委员会的事前关于性与暴力内容审查改为上映指导分类制度，扩大民间制作公司的制片、进口影片的自主权。在著作权版权方面，结合国情，把保护 IP 与为更多消费者提供享用机会、促进社会公平、适

应互联网数字化媒体环境等多重目标结合，强调实施"适度保护"特点的 IP 自由利用制度创新。

媒体言论尺度管理方式变革。从早期的强制性控制（一直到 1987 年，韩国文化信息部还在具体指导媒体的报道内容、图片，以及标题字体大小），到 1995 年政府开始采用开放式的宏观管理与调控，即政府通过法律法规、权威引导、社会舆论、资金赞助、大集团财阀企业产业化媒体之间的竞争等多重调控手段，实现言论自由与责任的平衡。

网络游戏异军突起。成立"游戏产业开发院"，支持包括漫画在内的人物内容形象的开发，大力发展游戏内容及不同形式的游戏产品（包括街头、联机、家庭、手游等），在 72 个大学开设游戏专业课程。韩国游戏出口一度占到内容产业出口的 47.6%，2009 年网络游戏出口收入 12 亿美元，为亚太地区之首。韩国游戏曾经占到大中华圈市场 60% 的份额，只是这几年中国手游企业异军突起，才彻底改变了国内市场、国际市场的格局。

产业扶持资金来自政府和大财团"两只手"。通过中央和地方财政拨款与国债基金的预售方式设立文化产业振兴基金，电信发展基金，电影基金，首尔、仁川等地方文化财团法人基金等。而三星、LG、韩亚、CJ 等大企业集团也设立文化财团法人（基金），以及产学结合合作基金。

税收优惠。给予中小文化企业税收优惠，在一定经济区域内注册还可以获得 5 减 3 免；创意产业企业可将 30% 的利润作为事业准备金提留（而且免税）；虽然财政给予内容产业的直接投入和免税支持的金额总量并不大，但是国家 3C 战略推动的 200 亿美元宽带建设投资，使韩国文化创意产业享受到世界上速度最快、费率最低的服务，大大降低了企业的运营成本与创业投资成本。

作为一个人口小国，韩国文化产品占世界市场的 1.5%，是一个出口大国。不仅游戏、动漫、数字化 3D 的人物形象的出口成长很快，融合了东亚文化传统和现代社会价值观的韩剧在日本、中国，以及许多中东国家大受欢迎。韩国产业集团制造的不同流行音乐歌手在亚洲用各种语言演唱很受欢迎。江南 Style 红遍全球不是偶然的。当前"江南 Style 团队 + 好莱坞动画创作室 + 韩国风险投资人"的动画电影尝试大获成功，成为一种全球资源整合、提升动画制作价值链的模式。

（三）美国案例：看不见却又无所不在的政府资金援助之手

虽然从克林顿开始，联邦政府全美艺术基金会 NEA 年度资金预算额度在过去的十几年平均 2 亿美元不到，而巴黎一座城市的文化预算就高达 2.6 亿欧元，但美国的传统模式是不喜欢中央集权、不喜欢政府大笔花钱，而是更加愿意通过发动地方积极性、动员全社会特别是私人积极性来解决重要的文化发展资金问题。据估算，全美国地方政府通过不同计划以及捐赠免税的间接方式，筹集的支持文化事业和产业发展的资金规模可以达到 250 亿~500 亿美元（马特尔，2013）。这些筹集资金的手段主要包括以下几个方面。

- 适用公益性捐赠税款抵扣的 501c3 税法。
- 文化事业单位所得税、地产税、消费税减免。
- 公共建设计划中 1% 的艺术支持提成。
- 翻新文化场所的市政债券（纽约市曾经在 2006—2009 年发行 8 亿美元）。
- 议员、州长、市长的专项文化基金。
- 地方政府机构的文化事务及文化项目预算。
- 城市汽车特殊牌照税。
- 文体六合彩。
- 旅店城市观光费的文化基金提成（旧金山每年能得到 1400 万美元的提成收入）。
- 公立大学内部的文化相关开支（博物馆、剧院、艺术实践、艺术教育）的预算。

· 各个联邦机构（教育部、商务部、国务院、国防部、公共事业机构）的文化相关开支，如国务院的国际文化交流预算 2 亿美元左右，在联邦住房与城市发展部的社区发展补助计划每年 50 亿美元中，很多为文化有关的项目开支。

可以从图 4-3 看出美国文化企业生存的资金链条逻辑。作为文化内容创意生产主力军的 130 万艺术家分布在 40000 多家非营利法人组织。这些法人组织收入的一半来自市场，1/3 以上来自私人的捐赠（没有 501c3 免税政策的优惠就很难达到这个规模），而来自基金会和企业的捐赠（收入的 8% 左右）也受益于 501c3 政策，来自各级政府的补贴仅占全部收入的 7%。

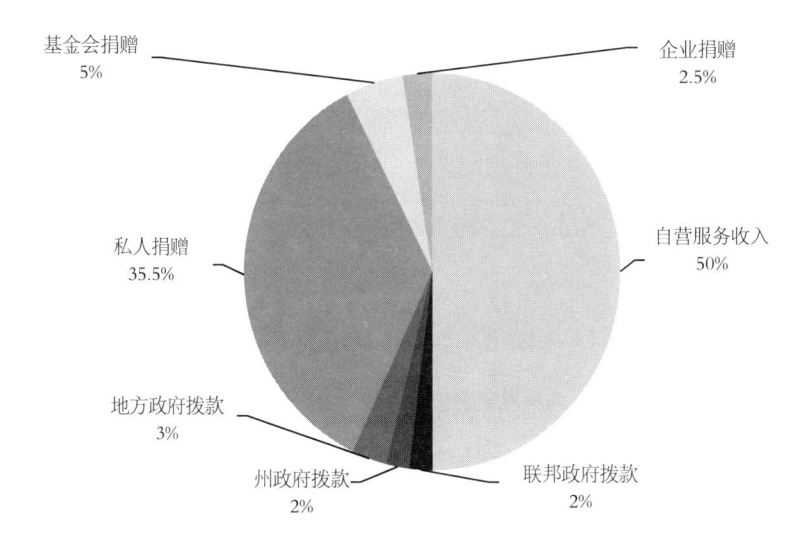

图4-3 2002年美国非营利文化法人NPO总收入来源统计

与欧洲相比，欧洲各国的公益性文化产业单位资金主要来源于政府支出、文化活动的广告（赞助）收入，以及私人或企业的赞助和捐献等渠道。据欧洲理事会与欧洲比较文化研究所估计，2011 年，欧盟各国公益性文化产业单位资金的 70%～80% 来源于政府，10%～12% 来源于私人或企业的赞助与捐献。无论是自身活动收入，还是私人/基金会捐赠收入，都和美国无法相比。随着欧盟各国对公益性文化产业捐献的个人或企业提供类似美国的501c3免税政策，私人及企业捐献的金额也以每年10%的速度增长。

二、产业塑造规律二：高水平艺术原创需要"屏蔽市场竞争噪声"的实验环境和市场化发现机制

"三重机制"在本书第一章已提及，本部分进行详述，如图4-4所示。

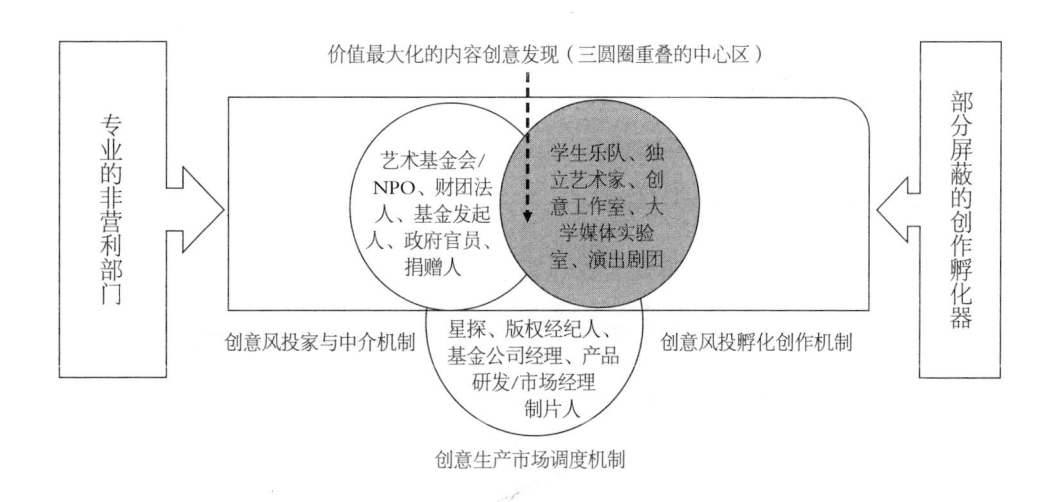

图4-4　内容原创孵化与创意价值发现的三重机制

"三重机制"的发现是基于对全球最发达、最具竞争力的文化创意产业链条组成部分分析的客观结果，目的是探索在什么条件下，内容创意的质量和艺术家寿命可以最大化？为什么恰好产生在美国而不是其他地方？

三重机制是指图4-4中"创意风投孵化创作机制""创意风投家与中介机制""创意生产市场调度机制"这三个圆形的相互重叠、作用，导致优秀内容创意发生与被价值最大化的（产业化）机制。

文化产业链条的上游是"非营利"特点的、专注"艺术原创性"的创意系统/创作孵化器。包括：一是各种社区剧场/剧团、年轻艺术"创客群体"、多所公立/

公益性大学的艺术教育与创新实践、多元种族背景下创意型艺术家为主的非营利组织；二是原创活动的经费支持预算多半是由各种类型的公益基金会、私人机构及政府项目补贴提供。强大基金会及大学艺术教育系统的存在，使得有了好创意的内容生产者可以不考虑或者较少考虑市场问题，基金会的捐赠批准方代表精英意识，他们支持大胆的创新活动、但是并不直接参与这些活动。在产业链条上他们扮演"创意风投家与中介"的角色。

产业中游则是大量的"半营利性"市场活动与创意产品市场试验。包括各种地方的、多元化的文化公益法人组织，以市场化、专业化的形式展开产品与服务的竞争，完成创意产品和优秀人才的市场试验与检测，它们50%收入来源于受众市场，从而保持了优秀人才流动与人才竞争、产品测试质量和满意度，以及对于地方经济生态的协同支持和产业资源优化配置。①

产业下游是纯粹商业化营利性的产业组织生态。美国文化产业巨头强大并且专注全球性眼光展开IP运作和市场培育，包括大规模传播非营利部门产出的文化产品。它持续从上游的非营利文化创意的孵化、检验过程中获得养分和激发。产业巨头与非营利部分的互动关系独特，通常是巨头们也成立公益性基金会和风投基金支持"非营利"与"半营利"的艺术创意活动、发现人才与好点子。围绕好莱坞几大巨头的是几万家经纪与中介服务机构，包括星探、制片人、产品经理与基金等，他们会在上游和中游产业链条中不断发现人才并挑选、审核、测试创意，扮演的是创意生产市场调度员角色。

解剖了商业系统与非营利系统建立多重交互作用的"三重机制"，也就解释了美国文化产业为何强大的问题。本来美国就具备文化多元化的天然土壤，一大批非营利大学作为卓越艺术实践和创意人才培养的孵化器，上万个从事亚文化实践的NPO/社区，上千个专业基金会的持续关注，这些都是在保证内容原创高水平、试

---

① 政府的直接与间接补贴只占非营利文化组织全部收入来源的7%左右，文化机构必须在文化产品服务市场及基金捐赠人市场上通过差异化竞争和专业化发展自谋生路。市场仍然在资源配置中的发挥了基础作用。

验作品有市场反馈机会，以及通过"风投孵化机制"的测试，"商业文化从非营利文化中得到启发、滋养和修复"（马特尔，2013）。

根据 2003 年的统计数字，1965 年国家开始通过 NEA 成立介入艺术市场以来美国的艺术家从 56 万人增加为 200 万人（按照 11 个门类职业的定义统计），其中大致 130 万人在"非营利"的艺术领域工作。艺术家平均失业率为 5.5%[1]，表明这个产业模式在过去 40 年之间的成功发展，提供了大量就业岗位和吸引了全球的优秀艺术人才。

最后，我们看一下"三重模式"解释的普遍性。美国模式中因为非营利的第三部门最大，所以三圆圈相互分离较大，艺术人才的独立性空间大、成长路径多样化，后期成为大师的可能性也高，艺术生命也长。原创价值市场化发现功能很重要，有一定竞争性，内容优秀和市场价值的协同性较好。导演李安在美国的成长路径和他接手拍摄的影片类型就是明证之一。

日本、韩国模式下由于第三部门和政府的力量都不大，产业上下游的商业整合过于彻底，导致三个圆圈是重合的。人才很早被产业机构发现，以学徒制方式圈养，在一套定向资助、培养、产品化的流程中，一方面年轻艺术家成功率很高，但是由于圈养模式单一、产品定型过早，导致艺术生命周期较短，很难出现大师，原创价值最大化的发现功能失去，产品容易偏重商业性。

法国模式特点：国有机制 + 文化大师 / 学派专家"机制"代替了美国强大的第三部门，再加上一个被干预的市场，形成了"二圈重合"格局。在法国的二圈互动模式下，人才和作品的独立性、艺术实验性会更强，也能够培养出类似吕克·贝松这样的大师级人物，但是总体因为在创意与人才筛选过程中，市场化淘汰竞争机制基本没有作用，产业化创新效率低、艺术内容与市场价值的结合效果比美国模式打了折扣[2]。

---

[1] 其中建筑设计师最低为 2%，而电影戏剧演员最高为 35%。
[2] 法国模式也被人批评为容易搞艺术学派的拉帮结派、裙带关系、官场人情输送等，导致资源投入和配置的低效。

三、产业塑造规律之三：依法治理与行业自律结合的治理结构——言论尺度控制适度从宽，对创新者与创新技术挑战现有管理采取"灰度策略"

宽松的言论尺度和与时俱进的行业开明治理是文化创意产业发展的主要环境条件。一方面媒体从业人对监督政府依法行为有自己的责任，也有常常越过红线的行为；另一方面新技术、新模式的开创者不仅对行业既得利益集团带来冲击，也会给社会的道德规范带来冲击，此时要求监管的声音就会响亮起来。

通常围绕文化、技术与传媒控制的主要争议议题有三类：第一，什么是色情、淫秽、不雅？什么是亵渎和诽谤？第二，多元信仰与言论自由的公民权表达尺度有多大？个人自由与尊重"主流公众价值观"与社区风化原则二者如何实现平衡？第三，政府如何控制新闻言论报道的尺度、有利实施和推行政府政策与进行必要改革？

什么是合适的相关者利益平衡？在推进创新与实现主流价值观/道德规范控制之间如何妥协？如何把握基于法治理念的干预与适度宽容的尺度？各国的实践虽然不同，但我们认为，结合了"政府依法 + 行业自律 + 各方尊重独立司法介入与协调"的"圆柔性治理框架"是理想的产业发展制度环境。该框架包括以下三点。

首先是政府带头依法行使权力、规范自身行为。比如，美国的《大众传播法》、欧盟的《电视无疆界指令》都明确限制了政府在这一领域的干预权，韩国在《电影振兴法》中导入"限制上映电影院"制度来有效落实影片的分级制度（保护儿童和青少年），韩国为发展网游制定了《预防和消除网络游戏沉迷政策》，在法律上规定了治理"网络沉迷"负面作用的社会和政府责任。英国设立 Quango 一臂之隔的独特制度，虽然财政支持公共文化事业的金额相当大，但是通过成立了46个独立的、公益性的公共文化理事会机构法人 NDPBs，来管理主要的文化艺术体育事务，避免了党派政治和可能引发的政府官员决策不连续、不专业问题。

其次是行业高度自律、具备"政治觉悟性"。为了避免社会的道德担忧，美国电影协会 MPAA 最早开始了电影分级制度；类似的在互联网时代，美国媒体产业联盟协会的志愿人士组织开发了限制儿童接触互联网色情内容的过滤软件。美国的行业自律榜样也影响日本、印度的类似行业协会/传媒分会，才有严格的自律管理。

"政治觉悟性"是 Political Correctness 一语的翻译。每一国家的国情不同，政治禁忌和媒体用语也就不同；国家处在特殊环境中，美国人对种族歧视用词、德国人关于纳粹希特勒评价属于这一类。当然，媒体人如果"政治觉悟性"不高，突破红线惹上麻烦，则会为此付出代价。[①]

最后是司法中立协调机制与高度专业化立场。1996 年费城法院宣判克林顿签发的总统《传播净化法令》（CDA）违宪[②]，不利于新技术条件下的公民表达与交往自由，联邦政府不服上诉，联邦最高法院依据法令中对于"淫秽"与"不雅"定义不准确理由最终驳回政府上诉。到了 2003 年，情况与技术层面都发生了变化，最高法院这次以 6:3 推翻宾夕法尼亚州法院法官关于国会《儿童互联网保护法》违宪的判决。司法解释、司法参与协调具备较高的威信，一是基于专业性，二是司法体系相对中立的立场、个别法官的政治立场可以得到纠正。司法治理起到了名副其实的"社会共识"协调机器、妥协机器的作用，和缓了社会对立与冲突。

其实，美国社会因为政治宗教文化信仰导致的对立意识形态斗争也很激烈，文化人和艺术家常常被牵连其中，1990—1994 年被关闭的展览与禁止的演出数目达到

[①] 诺贝尔经济学得主克鲁格曼就曾经抱怨因为他一贯反对布什总统反恐战争的鲜明立场，《纽约时报》编辑部一度迫于白宫压力，限制他的连载专栏。关于美国作者、媒体人遇到的多种多样来自高层和来自利益集团的"潜规则"制裁形式，见海伦·托马斯：《民主的看门狗》，夏蓓蒂娜·舒译，南方日报出版社 2009 年版；关于美国政府与媒体传媒的互动状况，见肖卫兵：《美国政府信息公开评述——从国家安全的角度》，《情报科学》，2006 年第 6 期；翟峥：《现代美国白宫政治传播体系（1897—2009）》，世界知识出版社 2012 年版。
[②] 《传播净化法令》（Communication Decency Act，简称 CDA），是美国政府 1966 年通过总统命令形式限制网络色情传播采取的法律措施。关于该法令违宪的争论与后续发展，见张向英：《传播净化法案：美国对色情网站的控制模式》，社会科学，2006 年，136–143 页。

200个。但是，通常他们除了选择抗争与示威之外，也会通过循司法的轨道争取自己的、社会的权利，如图4-5所示。①

美国文化意识形态斗争案例分析

- 美国一些州曾经有禁止宗教亵渎法，如马萨诸塞州、马里兰州、密歇根州、俄克拉荷马州、南卡罗来纳州、怀俄明州和宾夕法尼亚州等，有些条款甚至一直保留到2000年以后，因此历史上出现不少"禁书"/禁演节目与关闭展览（1990—1994年间200个）。
- 1990年老布什期间，NEA开始政治"潜规则"审查艺术家补贴，要求签署反淫秽条款，发生NEA4事件后政府迫于国会独立听证会压力虽然向艺术家让步，但是宪法法庭在1998年的介入还是支持了保守一边的力量。
- 直到1972年马里兰州上诉法院才宣布马里兰亵渎法违宪。但是1977年宾夕法尼亚州通过新制裁亵渎法律。2007年电影制片人乔治·卡尔曼以违宪提起诉讼，2010年，美国宾夕法尼亚州东区法院法官巴宣布该条违宪，卡尔曼胜诉。

图4-5　美国文化意识形态斗争案例

四、产业塑造规律之四：关于产业核心要素聚集的问题——城市/地区/国家如何营造吸引与留住产业人才的环境

文化产业发展是个地理空间经济学的问题，要回答产业高级要素、特别是创意人才为什么在一些城市和国家更加容易聚集的问题。

2002年出版的 *The Rise of the Creative Class* 就是这样一本有巨大影响的产业

---

① 关于宗教亵渎法的二个案例背景：《马里兰州法律汇编》第72章189条规定："任何人通过书面表达或口头表达，写出或说出了任何亵渎救世主耶稣基督或关于三位一体的话，此人将构成犯罪，法院有权判处其不超过一百美元的罚款或不超过六个月的监禁，或是二刑并罚。"直到1972年马里兰州上诉法院才宣布马里兰这部亵渎法违宪。Stein G.：The Encyclopedia of Unbelief. Amherst, New York, Prometheus Books, 1985, p61. 案例二：宾夕法尼亚州1977年通过一部制裁亵渎言论的法律。2007年秋天，电影制片人乔治·卡尔曼提交了一份申请，称他想成立一家"我选择地狱影视制作有限责任公司"（I Choose Hell Productions, LLC）。政府告知不同意其申请，卡尔曼以该条违宪提起诉讼。2010年6月，美国宾夕法尼亚州东区法院法官巴宣布该条违宪，卡尔曼胜诉。Freedman S.："A Man's Existentialism, Construed as Blasphemy", The New York Times, March 20, 2009.

地理经济研究著作，作者是社会经济学家 Richard Florida（佛罗里达）。他研究了美国城市创意经济指数 Creativity Index 模型，并且实际预测了全美国 200 个主要城市的创意产业竞争力指数。模型中，影响城市创意经济指数的四个变量分别是：创意劳动者比例、创新活跃度（专利等）、高科技环境（Tech Pole Index of Milken Institute）、社会多样性 Diversity（同性恋指数）。旧金山地区在全美得分最高。

佛罗里达断言广义的"新创意阶层一族"，包括艺术家、文化创意工作者、软件设计与开发工程师、教育工作者、建筑师、企业管理者等，也包括自由职业者中的律师、经纪人，在劳动人口中达到 3800 万人，占到美国总就业人口的 30% 左右。与 Creative Class 相比，过去雇佣队伍中的蓝领、白领区分不再重要。创意阶层是经济中最为活跃、最主要的主导阶层，他们更加自主，注重多元性而非千篇一律和从众；学历更高、薪酬更高；拥有个人独立、承担风险、追求专业绩效与认可的价值共识基础。

那么新创意阶层是如何被聚集到某一个地区和城市呢？佛罗里达提出了他著名的 3T 模型：即用宽容指数（Tolerance），才能指数（Talent）和技术能力指数（Technology）三个维度指数来衡量一个地区对于文化创意阶层的环境吸引力/竞争力程度，三个维度是：

· 宽容指数：种族多元化，移民成分，同性恋等亚文化的宽容度。

· 才能指数（波希米亚指数"Bohemian Index"）：波希米亚原指文化活动生产者，包括作家、设计师、音乐家、演员、导演、画家与雕塑家、摄影师、影视制作及演艺工作者，也可以指广义的"创意者"数量、小型创意产业公司的数量、文化艺术活动的氛围。

· 高科技环境指数：高科技企业、新技术研究室/大学的集中度与竞争力。

通过对于美国几百个城市的测算结果显示：奥斯汀（得克萨斯州）、旧金山、西雅图排位最前。使用该模型也可以解释为什么中国的深圳、北京、杭州、成都等地的创意指数较高。因为创意产业企业区域选址往往会考虑迁就这些创意族聚集环境，城市之间的行业竞争力来源也就分析得更加透彻。

五、产业塑造规律之五：数字化时代全球创意金融资本主义的运作特点

美国的娱乐事实上成为全球娱乐的"主流标准"，但是实际发生的情况比较复杂，各个国家的产业巨头都在加强与好莱坞的合作，而好莱坞也在注重各地的"本地元素"与多元化价值观、战略合作。制片公司本身为了获得全球市场，比人们想象的要更加淡化意识形态与国别差异。《功夫熊猫》的成功基于转化诸多中国文化元素，而基于美国文化基因的《变形金刚4》《碟中谍5》也在在中国拍摄大量镜头，既是为了中国票房也是在瞄准中国500强企业的植入广告业务。为了这种合作，好莱坞的六大制片公司每年拿出预算单独拍摄200部外语版的"本土电影"。在产业供应链分工上，许多美国的本土产品又是日本、欧洲和印度的跨国公司资本（信实集团参股梦工厂）参与制作的。

音乐制作的四大国际公司，美国只有一家，另外三家是英国百代、法国环球、日本索尼。出版界大牌的股东更加复杂，兰登书屋被贝塔斯曼收购，时代华纳被法国的拉加代尔收购。

我们从影视制作产业链来考察，可以看到数字化时代创意金融资本主义的全球化运作的三个特点：高度集中性、高度分散/创造性和高度破坏性，如图4-6所示。

	表现特点
高度集中性	·顶层的融资、IP交易和原创改编规划、控制竞争保护回报、全球市场资源分配运作、打破区域贸易壁垒、建立自身垄断壁垒等活动是高度集中的；通过好莱坞六大电影公司及其支持的全美电影协会网络、全球大型传媒集团、顶级投资银行与私募基金来完成，美国版权制度有助于创意产品的全球流通与改编并且适应多种媒体形式
高度分散/创造性	·高度分散的创造性实验：为复制而对优秀原创（传统《蜘蛛侠》《美国队长》、迪士尼动画，非营利系统的新兴原创）进行的创意实验是通过成千上万的小型创业型工作室来完成的。好莱坞的生态环境包括11.5万家小型公司的77万员工/170个行业工种分工。大量人才中介、版权经纪公司、投资顾问等，扮演全球创意市场"机场调度员"、市场测试过滤与风险管理员角色，保证大量分散的活动在行业规则作用下能够协同运转，给投资与生产体制带来稳定
高度破坏性	·互联网时代虚拟经济具备更大的破坏性/不确定性，原先南北不平衡由于数字化差距进一步扩大，文化通过信息高速公路传播，一个占据了内容生产以及数字化传播渠道优势地位的国家，其相对优势将越来越强大，而且成功往往巩固成功（Winner Takes All 成为创意产业的 Hit-Driven，如韩国的江南Style走红全球）。赢家会四处下注

图4-6 全球化运作的三个特点

从各个角度来衡量，好莱坞的六大电影公司实际上已经是准金融机构，集中解决有关IP生产过程的顶层融资及风险管理，IP贸易规划和原创衍生品的生产流通规划。参与完成该项创意金融工程的还有其他大型传媒集团（很多已经相互持股）、顶级的投资银行、私募基金等。被好莱坞六大电影公司控制的全美电影协会的全球网络，则负责控制各个市场的竞争度（重要的手段是院线档期排期的协调、避免大片撞车）来保护投资的高回报，集中分配全球市场资源，打破区域国家的贸易壁垒，建立战略联盟巩固垄断地位等活动。美国的版权制度和艺术家"受雇工作"特征（许多过程的原创IP归属权不属于艺术家本人），有助于创意产品的全球流通和适应多种媒体表现形式，适应数字化时代和全球改编运作，适合创意金融资本的价值最大化。

为了保障投资回报，最稳妥的投资做法是复制经典作品与人物，投资有名气的演员。新创意、新面孔都意味着市场风险。因此，为复制而对成功原创（如《蜘蛛侠》《美国队长》《星球大战》《碟中谍》等）进行再创意实验，通过成千上万的、处于竞争学习生态网络中的小型创业型工作室来完成。但是，为了平衡经典改变的老套路，给全球观众新的感受，在一个时期之内，全球资本可以分配一定的资源和预算去发现、传播来自非营利系统、独立电影工作室的低成本最新原创作品，回收风险投资、顺便培养新的摇钱树（叫好又叫座的《星际穿越》实际上投资不大）。好莱坞的11万家小公司构成的分散生态系统，能够保证这些大量分散的活动在行业规则作用下协同运转，给创意金融资本的投资与生产体制带来稳定。

互联网时代的技术与模式创新具备更大的破坏性。原先南北不平衡由于数字化差距将进一步扩大，但是对于新兴国家如中国和印度等，这可是创造明天的大好机遇。随着社交网络，创意汇聚，去中介化，点对点传输和分享，Web3.0，自媒体，UGC等出现，传统版权的力量在消融，基于版权贸易的金融资本需要调整，互联网在破坏传统产业链的基石，改变娱乐产业链的游戏规则。占据了内容生产以及数字化传播渠道优势地位的国家，其相对优势将越来越强大，而且成功往往巩固成功（Hit-Driven 模式）。

参考文献

[1] 米歇尔·阿尔贝尔. 资本主义反对资本主义 [M]. 北京：社会科学文献出版社, 1999.

[2] Freedman S. A Man's Existentialism, Construed as Blasphemy [J]. The New York Times, 2009 (3).

[3] Richard Florida. The Rise of the Creative Class [J]. The Washington Monthly, 2002 (5).

[4] 理查德·库索尔. 法兰西道路 [M]. 北京：商务印书馆, 2013.

[5] 弗雷德里克·马特尔. 主流——谁将打赢全球文化战争 [M]. 北京：商务印书馆, 2012.

[6] 弗雷德里克·马特尔. 论美国的文化 [M]. 北京：商务印书馆, 2013.

[7] Stein G. The Encyclopedia of Unbelief [M]. Amherst, New York: Prometheus Books, 1985.

[8] 海伦·托马斯. 民主的看门狗 [M]. 广州：南方日报出版社, 2009.

[9] 肖卫兵. 美国政府信息公开评述——从国家安全的角度 [J]. 情报科学, 2006（6）.

[10] 熊宇澄. 世界文化产业研究 [M]. 北京：清华大学出版社, 2012.

[11] 张彬, 晏丹. 中日文化产业投融资模式比较 [J]. 产业观察, 2012（4）.

[12] 张向英. 传播净化法案——美国对色情网站的控制模式 [J]. 社会科学, 2006（8）.

[13] 翟峥. 现代美国白宫政治传播体系（1897——2009）[M]. 北京：世界知识出版社, 2012.

[14] 周笑冰. 韩国政府的游戏产业扶持政策及启示 [J]. 特区实践与理论, 2012（6）.

第五章

战略发展机遇与战略转型挑战的分析

本章的意义在于,在着手构建中国文化战略体系架构之前,不仅需要认识文化产业发展的五大规律与趋势,还要认识基于国情和时代的产业发展长期动力,也需要深刻认识自身体系的不足与战略转型挑战。

一、四大长期战略发展机遇分析

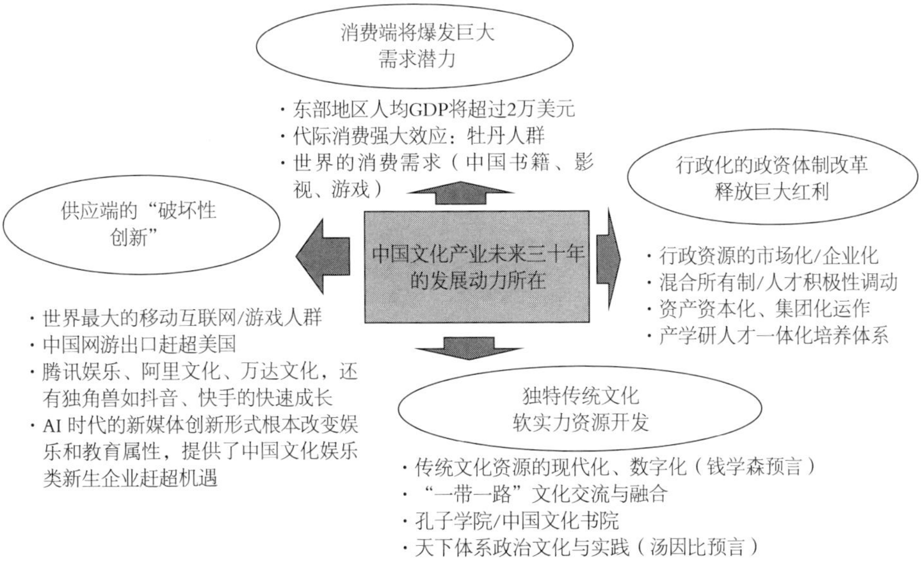

消费端将爆发巨大需求潜力
- 东部地区人均GDP将超过2万美元
- 代际消费强大效应:牡丹人群
- 世界的消费需求(中国书籍、影视、游戏)

行政化的政资体制改革释放巨大红利
- 行政资源的市场化/企业化
- 混合所有制/人才积极性调动
- 资产资本化、集团化运作
- 产学研人才一体化培养体系

供应端的"破坏性创新"
- 世界最大的移动互联网/游戏人群
- 中国网游出口赶超美国
- 腾讯娱乐、阿里文化、万达文化,还有独角兽如抖音、快手的快速成长
- AI时代的新媒体创新形式根本改变娱乐和教育属性,提供了中国文化娱乐类新生企业赶超机遇

独特传统文化软实力资源开发
- 传统文化资源的现代化、数字化(钱学森预言)
- "一带一路"文化交流与融合
- 孔子学院/中国文化书院
- 天下体系政治文化与实践(汤因比预言)

中国文化产业未来三十年的发展动力所在

图5-1 中国文化产业未来三十年的独特发展动力

（一）消费端将爆发巨大需求潜力

未来三十年文化产业发展的巨大推动力来自文化消费需求，包括国内市场、海外市场两个方面。首先着重对于国内市场消费动力的研究[①]，我们将使用"居民文化消费率"概念，它定义为居民文化消费总量与GDP总量比例。

从表5-1的历史数据可以看出，"居民文化消费率"从2004年的2.76%下降到2012年的2.2%。有一种观点认为文化消费不足是居民储蓄过高、房地产价格过高挤压了文化方面开支，以及文化产业（类似旅游地产）供给不匹配居民需求。[②] 我们对此补充解释是：文化消费的形态更多转移至互联网上，体现为通信流量费用、电商服务、游戏工具购买等项目。这些是没有被传统文化消费统计科目涵盖的。

表5-1 城乡文化消费总量历史数据与居民文化消费率变化

年份	城乡文化消费需求总量/亿元	时期	年均增速/%	居民文化消费率（文化消费总量/GDP总量）/%
2000	2704.35			
2004				2.76
2009	7521.44	2000—2009	12.04	
2010	8785.52	2009—2010	16.80	
2011	10126.19	2010—2011	15.26	
2012	11405.97	2011—2012	12.64	2.2
2013	12969.37	2012—2013	12.71	

数据来源：国家统计局，《2013年文化产业统计年鉴》，统计出版社，2014。

[①] 意味着忽略世界对于中国文化产品需求变化的影响。世界市场的需求包括中国是传统的文化旅游第一大目的地；中国的图书、影像、音乐、视频出口目前微乎其微；互联网娱乐服务出口，中国占据一席地位。

[②] 在《中国文化消费需求景气评价报告（2014）》（社会科学文献出版社）中王亚南提出了"剪刀差"假设，但是忽略了机构的消费部分（比如广告支出、创意服务费）。他的研究团队对于政府文化投资效率的批评，我们十分认同："到底居民需要什么样的文化产品消费，我们不能再重复政府以财政补贴的方式，以房地产的方式来推动文化产业投资，来拉高文化产业的发展速度，这种发展方式是不可持续的。我们说的结构性过剩也是指在这种方式的作用下，很多文化领域生产出来的文化产品和公共服务并不能很好地满足人民群众的消费需求，也就是说，大量产品老百姓是不需要的，做出来也是浪费。"

未来有两大因素将长期影响居民文化消费率上升,进而影响我国国内市场文化消费总需求。

· 人均GDP增长效应。全社会人均GDP步入10000美元台阶以上,东部地区开始跨越20000美元阶梯,文化消费结构变化、支出幅度将发生激增。

· 代际消费结构效应。90后人群是为了体验而生活的"新人类"品种,在中国社会总人群中的比例持续上升,他们的娱乐消费习惯、消费意愿与能力将导致文化消费支出激增。

关于GDP增长效应预测的参照假设,我们在网上搜索了部分报道与数据。从表5-2中可以看到,在人均GDP处在2万美元水平的韩国,居民文化消费率为4.5%,在4.7万美元的美国,该比例提升至6.6%。

表5-2 居民文化消费变化与人均GDP关系(国外案例)

年份	国家	人均GDP/美元	居民消费率/%	居民文化消费率/%	居民消费支出占总消费支出比重/%
2010	美国	47132	70.8	6.6	9.33
2012	韩国	22705	62(世界平均)	4.5(估算)	7.2

· 1970—1993年,美国居民人均消费支出由3100美元增加到16429美元,增长4.3倍,而同期人均娱乐消费支出由115美元增加到887美元,增长6.7倍,娱乐消费支出占比也从3.7%提升到5.4%。

· 日本在1965年居民平均每户娱乐消费支出为1742日元,占居民家族消费支出的3.5%;1993年,日本居民家庭平均每户娱乐支出为17275日元,比1965年扩大近9倍,在消费支出中的占比为4.9%,比1965年提高1.4个百分点。

国家信息中心2049课题组"未来35年经济发展趋势及量化比较"报告（2015）预测了中国2049年长期发展趋势，得出了2020、2030、2040等关键年份的GDP、人均GDP数值（见表5-3）。

表5-3 国家信息中心（2015）预测：2020—2049GDP和人均GDP

年度	GDP/万亿元	GDP/万亿美元	时期	增长率/%
2012（实际）	51.9	8.24		
2020	107.8	19.5	2013—2020	9.6
2030	226.9	41.1	2020—2030	7.7
2040	409.4	74.1	2030—2040	6.1
2049	638.5	115.5	2040—2049	5.0

年度	人均GDP/元	人均GDP/美元	时期	增长率/%
2012	38459	6104		
2020	76771	13892	2013—2020	9.0
2030	160182	28986	2020—2030	7.6
2040	294878	53360	2030—2040	6.3
2049	471562	85332	2040—2049	5.4

相应地，根据国外类似人均GDP阶梯水平，我们假设了中国居民文化消费率将从目前的大致2.2%逐步上升至2040年的7.2%，并且在2049年之前保持这个水平。根据居民文化消费率的变化，我们预测了2049年城乡文化消费需求总量将达到46万亿元人民币（见图5-2）。

年度	居民文化消费率
2012（实际）	2.2%
2020	4%
2030	5.5%
2040	7.2%
2049	7.2%

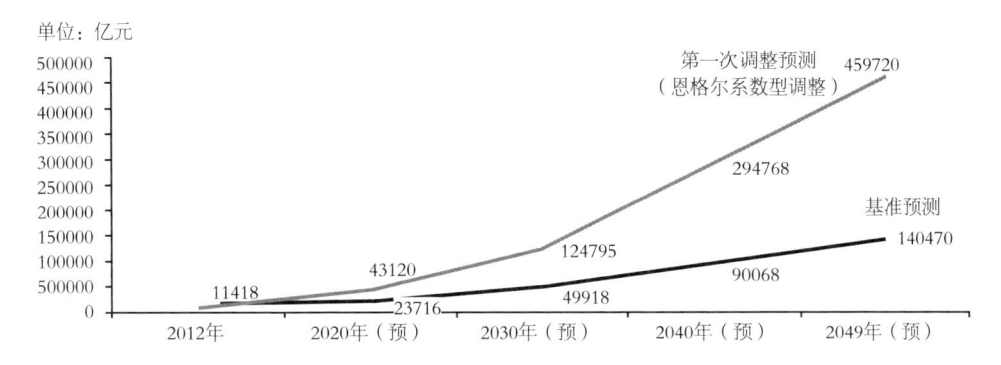

图5-2　2020—2049年城乡文化消费预测（未考虑"牡丹人群代际消费"）

我们下面可以进一步考察代际消费结构变化对于文化消费需求的影响。在姚余栋（2014）首先完成的我国长期消费经济结构研究中，把80后人群定义为消费型的"牡丹人群"[1]。而我们的看法是95后、00后的年轻人才是真正的"新人类"牡丹品种，他们开始全面享受人均GDP高水平和低人口出生率家长高投入水平的青春红利，养成了体验式消费、及时性消费的行为模式[2]。牡丹人群的"代际消费"习惯一般会保持终身，而且随着收入增加还会进一步加速体验娱乐消费，因此将导

---

[1] 姚余栋，李宏瑾，《梅花与牡丹——中国经济新常态下的消费崛起》，浙江大学出版社，2014。
[2] 我们的看法与目前关于80后、90后人群代际文化属性演进的比较研究结果也是一致的，见贺华成，张衡：《关于代际研究与消费变迁报告：从80后、90后、00后文化属性与代际演进看投资方向》，申万证券研究院研究报告，2014。

致文化产品消费率的跨越式提高。图 5-3 呈现了未来 35 年牡丹人群（1995 年之后出生人群）在总人口的比例变化与预测结果示意。表 5-4 则给出该牡丹人群独特的"文化消费率"假设。

年份	1995 后出生人数占人口比重 / %
2010	16.6
2020	31.9
2030	47.1
2040	63
2049	79

★基于国家信息中心"未来35年经济发展趋势及量化比较"预测数据计算

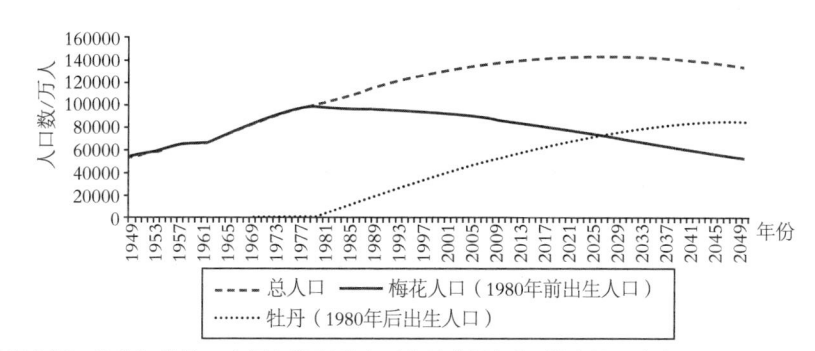

数据来源：梅花与牡丹 – 中国经济新常态下的消费崛起》，姚余栋，李宏。瑾，2014。

图5-3　2020—2049年牡丹人群在总人口比例变化假设与预测结果示意

表5-4　2020—2049年牡丹人群相应的文化消费率假设

年度	95 后牡丹人群文化消费率假设	居民文化消费率*
2012	2.2%	2.2%
2020	8.0%	4%
2030	12.0%	5.5%
2040	16%	7.2%
2049	16%	7.2%

★课题组依据支出比例变化假设以及年度GDP的消费率推算

95后牡丹人群代际消费因素导入之后，调整我国文化消费总量计算公式如下。

$$S_n = X_n \times \alpha_n + （P_n - X_n） \times \beta_n$$

$$= [X_n \times \alpha_n + （P_n - X_n） \times \beta_n] \times GDP_n/GDP_n$$

$$= \frac{X_n \times （\alpha_n - \beta_n） \times GDP_n \times P_n}{GDP_n \times P_n} + \frac{P_n \times \beta_n \times GDP_n}{GDP_n}$$

$$= \varepsilon_n \times （\gamma_n - \omega_n） \times GDP_n + \omega_n \times GDP_n$$

纳入代际文化消费行为假设的模型计算结果显示（见图5-4），2030—2049年，"95后牡丹代际效应"明显大幅度驱动了中国居民文化消费总量快速提升，预测结果是潜在消费能力规模将从45万亿元提高到90万亿元水平，折合美元为16万亿美元。能否实现本模型预测的消费规模，过程中还取决于多种因素，包括供应端能力、交易成本、其他部门对于关键性基础资源（互联网带宽、云服务大数据中心、某种智能终端设备需要的原材料资源）的争夺可能导致的供应瓶颈等。但是消费端巨大的需求潜力推动产业长期发展毋庸置疑。

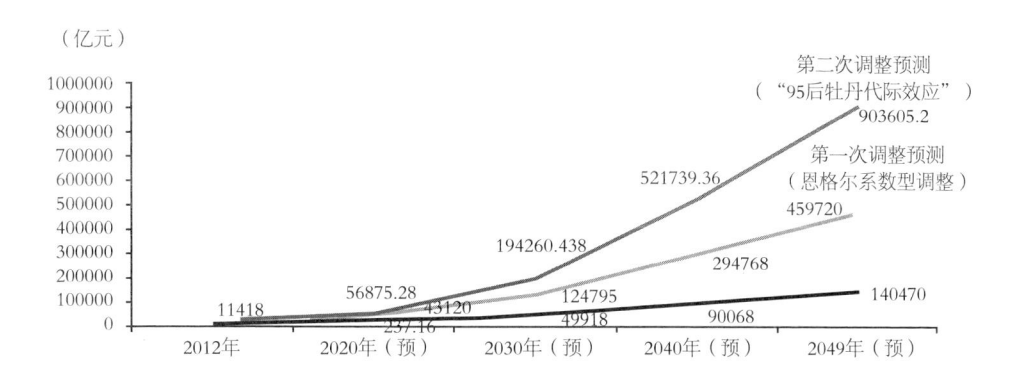

图5-4 2020—2049年城乡文化消费需求总量预测

（二）供应端的"破坏性创新"机会

为了抵消美国为首的文化霸权主义，既要采取创意金融资本产业化的文化生产方式，更要抓住数字化时代互联网新媒体的产业洗牌机会。跨时代、非连续

（Disruptive）的技术与消费心理异变，为产业创新的新生力量提供毁灭旧的传统势力范围的赶超机会。过去，日本在录音机、录像机、PM3、游戏机市场上打败了美国，韩国在游戏和动画上对日本实现反超[①]，美国则通过苹果商店、安卓系统平台反制日本。在移动互联网时代，一是中国的抖音、斗鱼、Blibli、腾讯体育、爱奇艺、优酷等企业平台在网络直播、视频内容分享上先行了一步，二是游戏开发厂家基于国内市场的规模优势在网游出口方面也异军突起（见图5-5），2014年爆发成长，出口达到30亿美元。根据游戏数据研究机构伽马数据（CNG）发布的《2017年中国游戏产业报告》，2017年，中国作为全球最大网络游戏市场，游戏收入突破2000亿元人民币（接近图5-6中2014年艾瑞咨询预测），其中自主研发网络游戏的海外收入达到82.8亿美元，正在赶超美国120亿美元海外游戏收入的半道上。

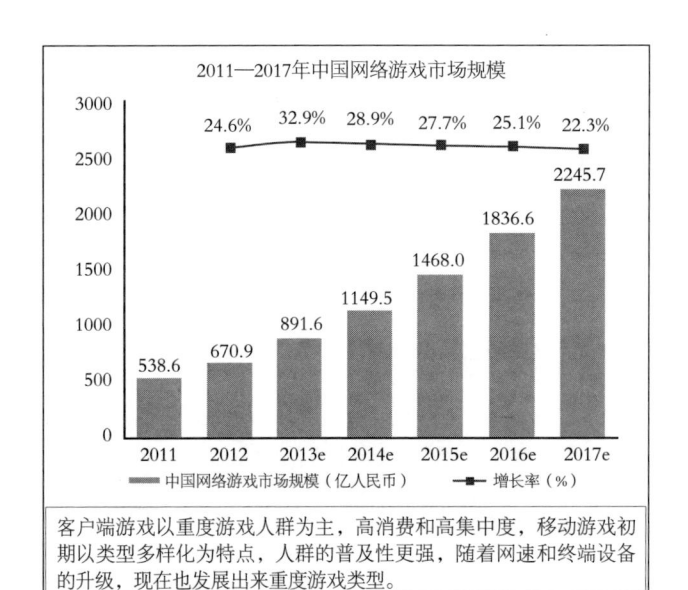

数据来源：艾瑞咨询,2014.1.8

图5-5　2017年中国实现预测，成为了全球最大网络游戏收入市场

[①] 因为面对韩国的挑战，日本决策集团不仅抓紧制订了内容产业的发展计划，还一再修订eJapan的ICT投资计划，在内容和产业基础设施两个方面构筑竞争优势。但在移动互联系统平台方面，日本的原有系统设计为不开放，DoCoMo手机服务没有成为行业标准，目前受制于苹果、谷歌、三星等厂家。

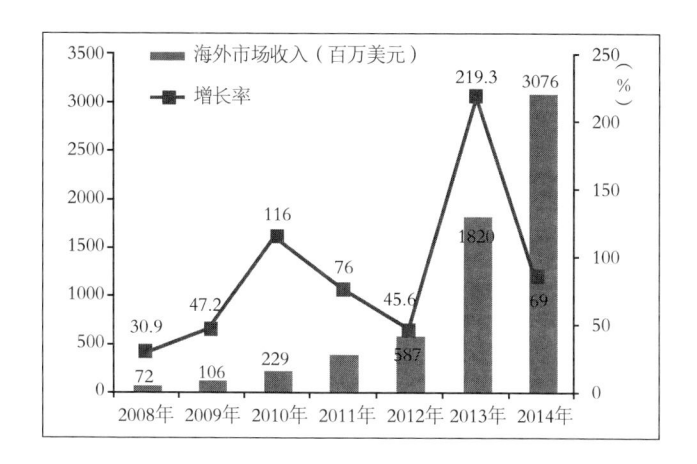

数据来源：中国版协游戏工委（GPC）《2014年中国游戏产业报告》。

图5-6　2008—2014年中国国产网络游戏海外收入

在无所不在的云服务和移动互联技术支持下，物质化的文化产品书籍与CD将愈来愈多地采取数字化与服务形式点播消费。国内外的"牡丹一代"与游戏机一起长大，对于网络游戏产品是更加情有独钟，谁占领游戏市场，谁就占有未来消费者，因此美国、韩国、中国厂家在这个领域开始了对于未来的角逐。欧美游戏产业媒体Games Industry称："中国电子游戏市场规模已经取代美国成为全球最大的游戏市场。"NPD Group研究数据表明，美国2013年电子游戏市场规模为153.9亿美元(约951.8亿人民币)，2014按照3%的成长率计算，结果略低于中国的1149亿元人民币的规模。

中国具备把握这个战略机遇的保障一是内部市场需求是全球最大，二是过去的十年在供应端形成了一批优秀公司，随着IP链条与衍生平台的壮大，形成正反馈循环，使得更多的人才、资金、创意聚集到游戏这个跨门类的创意生产业态。关键之一是提升IP剧本内容创作价格，改善优秀内容原创孵化空间、加大创意竞争与扩散的能力；关键之二是激活动漫创意供应，打通ACG产业内部环节。中国在电影大片制作方面水平较低，但是未尝不可从游戏反过来杀向电影，这样更加能够吸引牡丹人群的眼球。好莱坞的成功大片《饥饿游戏》就是根据一个游戏改编而成的。

由于中国是世界上最大的移动终端手游市场，原创厂家与运营服务商能够更好地把握客户体验与心理变化，未来十年在这个成长最快的细分市场上（见图5-7），应能够同日本和韩国的竞争对手们拉开距离，形成自己的独特竞争力与产业生态。

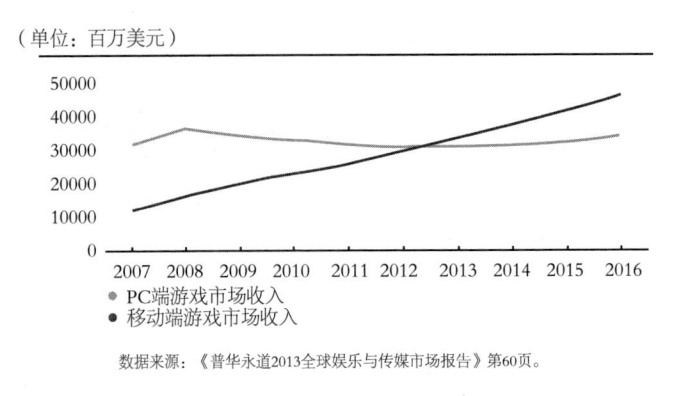

（单位：百万美元）

- PC端游戏市场收入
- 移动端游戏市场收入

数据来源：《普华永道2013全球娱乐与传媒市场报告》第60页。

图5-7　游戏形态的变化：移动终端网游天下已经到来

最终能否把握这里描述的重大战略机遇，还要看中国互联网技术公司、人工智能公司、游戏开发公司在市场判断和技术创新布局方面的正确决策与执行。未来的游戏形式应该是那种结合头盔或者视听装备的全息沉浸式的、人机结合的形式，会从根本上改变目前游戏娱乐和文化教育的属性，也会创造全新的社交与文化传播媒体形式，这方面的技术创新源泉更多的是在美国西海岸硅谷和东部的MIT，而不是在北京、深圳。

（三）供应端体制改革带来红利释放

加大供应端体制改革的观点归纳为四个方面。

（1）建设统一市场。首先是消除隐形的行业壁垒、部门行政垄断，形成文化法制保障下的统一市场。这样一个市场才有可能让万达、宋城旅游、北京歌华集团这样的大型文化企业以专业化的方式、跨地域发展，才能引导要素向优势企业集中，培育一批文化骨干企业和战略投资者。建设统一市场还包括完善有行业针对性的会计制度与统计体系，鼓励文化信贷产品融资、股权投资、版权评估与文化艺术产品交易平台等创新；加大基于版权保护的完片担保、版权预售、夹层资本等金融创新，这样才能鼓励文化产业的股权投资、风险投资以及并购基金规模的壮大。

（2）推动建立国有文化资产出资人专业化制度，推动资产管理社会化，加快混合所有制的推进。由于文化产业领域的特殊性，在媒体类企业治理结构上，国家意志和党管干部的法律化、管理决策权与日常经营权的分离等，需要创新制度安排，为吸纳民营企业进入预置条件。同时，加快混改国有文化企业上市的步伐，盘活文化领域大量的低效国有资产和特有的经营资源，提高国有资本运营效率和文化投资综合效益。

（3）鼓励企业走出去，结合全球产业链的资源，加速专业化发展。上海 SMG 与好莱坞成立的"东方梦工厂"是一个范本。腾讯游戏在海外的大举并购。完美世界的游戏产品出口至全球 100 多个国家和地区，连续六年出口第一，也在日本、欧洲、北美、韩国和东南亚等地建立了子公司，推进全球创意平台和技术标准平台。[①] 立志成为世界级文化娱乐巨头的万达公司，不仅收购了美国的院线，也在探讨设立用合资方式建立影视数码后期制作全球基地。政府机构在政策法规咨询、跨国并购目录、外汇与税收管理、投资保护、产业并购基金引导和长期融资政策性贷款和担保等方面，可以为走出去的企业提供更好的服务。

（4）建立产学研一体化的人才培养体制。"中国好声音"以及最近一大批真人表演秀节目的火热再次表明，中华民族不缺乏创意人才，缺的是让人才脱颖而出的识别环境，以及人才价值持续成长的环境平台。当然，中国的文化创意人才，在当今商业资本投机炒作心理的作用下，多数也缺乏用"平常心"做事的心态，不能拒绝诱惑就难以长成艺术的参天大树。借用"三重机制"在美国和法国的成功经验，需要更多地用"国有体制 + 第三部门 + 大学专业教育"三结合的模式，创新人才的培养路径。

（四）独特软实力资源——中国传统文化资源的转化与复兴

中华文化复兴的基础是中国的古代伦理政治与整体观思想。在结合熊十力先生对于《周官》《春秋》的哲学研究，南怀瑾先生、孙皓晖先生（2009）从不同角度对于"中华

[①] 针对下一代互联网娱乐产业的发展，完美世界提出多维呈现、立体融合、技术创新、全球创意四个未来发展方向，以及 PWIE 游戏进出口平台、PWIN 全球投资计划、ARC 亚太网络游戏标准化发行平台。

原生态文明"的历史渊源研究，以及钱穆先生（2011）和王小强先生（2013）对于秦汉市场经济与政治制度研究的基础之上，我们认为"中华文化复兴"并非特指儒家一家思想传统的复兴，而是整个先秦时代优秀思想精华、思想体系、整体方法论的再次转化、复兴，也包括钱学森先生从人体科学的整体研究论方法提出的东方科学思想复兴。

早在先秦时期，公元前600—800年间第一轴心时代，中国式理性启蒙时代开始，推动了战国时代社会变革，进一步在秦汉时期结出了思想、制度与物质技术文明的丰硕果实。在郡县管理制度、人才训练与选拔、市场经济与国家干预等"现代治理要素"社会实践发展方面，远远超过类似规模的罗马帝国，以及1700—1800年之后的大英帝国初期（17—18世纪）。世代有兴衰，文化有沉沦。宋朝特别是南宋之后，汉民族代表的中国文化融合力退化，国家社会停滞不前，原因是多重的。①

挖掘传统文化历史题材，能够创作大量接地气、有正能量、艺术性与教育性有机结合的优秀艺术作品。流行亚洲和中东的韩剧，就是展示了东方传统价值观与现代社会融合与冲突的过程，因此抓住了观众的心。需要文化创意产业的资本力量，专业化运营IP产业链条，针对民众的心理与休闲娱乐需求，以寓教于乐的活泼方式，有效地、多样化地转化原创作品形式与表达。

英国历史学家汤因比研究了西方宗教发展历史并对比东方文明之后，发现中国人的文化传统属于兼容并蓄、和而不同的独特体系，因此，他期待中国文化复兴，给纷乱的世界提供一重伦理上的治理保障。他在1973年写道，当今地区性主权国家是一种并不合适的体制。它有发动战争的能力，却不能够提供和平。如果中国人……成功地从错误的（朝代更替）循环中解脱出来，那他们就完成了一项伟业……对处在深浅莫测的人类历史长河关键阶段的全人类来说，都是一项伟业。（《人类与大地母亲》）

中国文化跨文明融合力精神的传承发扬，与现代新文化元素的创新融合，通过

---

① 我们认为这和程朱理学自身体系僵化、国家发展气运有关，但是与明清专制主义统治者进一步大力度阉割儒家文化精髓更加有关，坏的政治使得文化沉沦。

现代创意产业得到传播，不仅发挥凝聚社会的内在融合力，也将成为巨大的软实力基础。一个成功复兴的中国文化模式将对全世界具有吸引力。

"一带一路"既是经济工程，也是文化和政治工程，更是中华文化复兴、传播的一个重要抓手。中国文化中心、孔子学院、梅花与牡丹书院、太极学院、中医学院等首先要在"一带一路"的沿线落地开花。

二、认识自身不足与战略转型的巨大挑战

（一）意识形态领域治理的挑战依然严峻

我国经济社会深刻变革、利益格局深刻调整，使意识形态领域局部多元多样多变的趋势日益明显，人们的思想更加活跃，公众意见的独立性、多变性、差异性显著增强，意识形态领域多元思想文化相互交流，各种力量竞相发声互博成为常态。采用传统的官方语言体系对舆论和意识形态引导与治理愈发困难（见图5-8）。

中国很长时期依然会是一个内容产业出口的小国。美国内容产业出口约占世界出口50%，欧盟27国加在一起占到三分之一。基于国内市场规模、形成高水平的制作与出口能力，才能够有效抗击美国影视内容的"入侵"。"说到电影生产，中国在这方面仍然是一个第三世界国家。"马特尔在《主流——谁将打赢全球文化战争？》中判断道。

意识形态领域的整合挑战任务艰巨。利益格局深刻调整，意识形态多元多样多变的趋势日益明显，思想更加活跃，公众意见独立性、多变性、差异性增强，多元思想文化相互交流，各种力量竞相发声互博成为常态。主流意识形态与多样化社会思潮长期并存、国内外各种思潮相互激荡，已是一种客观存在。采用传统的官方语言体系对舆论和意识形态引导愈发困难。

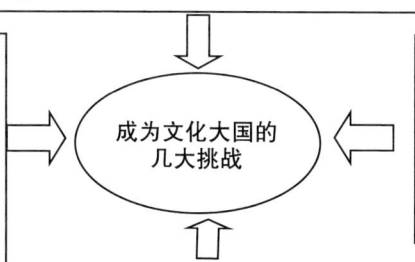

极其不平衡的区域文化设施与公共服务体系。"三元结构"社会水平差异、文化公共服务的割裂对于经济转型发展、对地区创新力、对政治整合都带来不利的影响。

成为文化大国的几大挑战

较弱的文明沟通与国际话语权。人才储备不够，理论储备不够，应对西方强势文化意识形态、全球互联网传播压力，讲好中国故事、发出中国声音、表现中国国家软实力，以及与世界文明/普世价值平等对话方面，仍然是处于"弱势""挨骂"的地位。

图5-8 文化战略转型面临的挑战十分巨大

党的十八大以来，加强宣传舆论阵地管理，加强网络舆论监管，敢于斗争，文化自信得到彰显，大大压缩了错误思潮和杂音、噪声的生存空间，有效扭转了意识形态领域一度出现的混乱与被动局面。但我们认为，意识形态领域面临四个主要的挑战仍然长期存在。

· 挑战之一：媒体格局和舆论生态发生深刻变化。社交媒体与 AI 技术结合带来的"后真相""深度假新闻"（Deep Fake），从过去娱乐性传播的噱头更多转为意识形态与地缘政治博弈的手段／工具，使得国际国内、线上线下、虚拟现实等界限愈发模糊。构成具有自发性、突发性、公开性、多元性、冲突性、匿名性、无界性、难控性等特点的复杂舆论与舆情博弈空间，大大增加了党和政府舆论引导和内容管理的难度。

· 挑战之二：主流价值观继续遭遇市场逐利性／道德失范风险挑战。市场经济的发展有利于解放社会生产力，增强国家综合国力，提高人民生活水平，也有利于增强人们的自立意识、效率意识和开拓创新精神。但市场是带有自身道德风险的手段，特别是与之俱来的唯利是图、享乐主义、极端个人主义在一定范围滋长蔓延并产生道德失范的消极影响，有时候突破公序良俗底线，直接挑战社会主义、集体主义、爱国主义主流价值观。

· 挑战之三：与历史虚无主义的错误思潮斗争仍是长期的。在社交媒体／自媒体上，在学术研究中，仍然有一批"公知"和学者自觉不自觉地持有否定党和人民共和国历史，美化西方的民主、自由一类的"普世价值"的立场倾向，虚无主义地解构中国人民的奋斗历史和共同理想，解构国家发展的社会主义取向。历史虚无主义思潮是带有明确的政治诉求的，它否定了中国共产党领导的革命、建设和改革成就，也否定党的全面领导地位与公有制经济基础地位的主张。40 年来，我们在哲学社会科学研究和历史学研究方面开发的综合性、基础性理论成果／工具还远远不够多，这为我们当前从理论上、话语上彻底批判历史虚无主义带来困难，这一场斗争注定是尖锐与长期的。

· 挑战之四：各种敌对势力对我分化图谋。我们离民族复兴目标越近、离世界舞台中央越近，西方特别是美国强硬派势力（Deep State）与文明冲突论的主张者越会想方设法攻击中国道路、举国体制、儒家东亚文明传统，越会加紧进行意识形态渗透、价值观渗透，加大策动"颜色革命"力度。因而，从文化认同、民族认同方面入手维护我国政治安全任务十分繁重。

总之，中国已经走在重新转型为世界文化大国的路上，它需要社会主流思想的共识与多元价值观的和谐共处，主流意识形态与多样化社会思潮长期并存。国内外各种思潮相互激荡，已是一种客观存在。引领社会思潮、凝聚思想共识的文化价值观整合任务艰巨繁重，我们应当牢记习近平总书记的指示，强化政治意识、政权意识、阵地意识，勇于举旗帜、打头阵、当先锋，当好意识形态领域斗争的生力军。

（二）区域"三元结构"——极其不平衡的文化消费设施与服务体系

由于我国东部沿海、中西部和西部三大区域的经济社会发展水平不同，各个区域的文化供给能力也差异严重。其后果会导致以下现象。

· 区域之间及区域的城乡之间，文化资源作为公共产品的分配不均衡。

· 文化水平、文化发展与经济割裂、脱离，会对于当地经济转型产生负面影响，尤其是不利于地区创新力资源的集聚、不利于产业高级要素的流动。

· 缺乏文化公共服务资源覆盖，会导致对政治整合的负面影响，尤其是在一些少数民族地区。

· 乡土田园文化的消失，农民作为公民的文化权利难以保障。

从图 5-9、图 5-10、图 5-11 可以清楚看到区域性发展不平衡的现实。在文化创意产业园区的投入规模方面，东部沿海地区是中西部地区加起来的三倍。在GDP贡献结构上，即使是文化大省的广东、江苏、湖南也都不能和北京、上海相比。城乡居民文化消费差距有加大趋势，从2007年的1倍不到增加到2012年的3倍，这是中国经济高速发展的6年。必须指出的是，因为统计口径问题，在农村居民文化支出中，还包括了教育消费支出，如果将其剔除，城乡差距有可能增加到4~5倍。

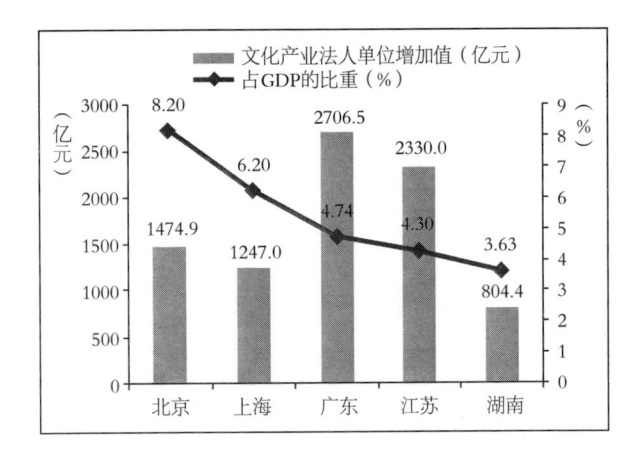

图5-9 2012年文化产业大省的GDP增加值低于5%

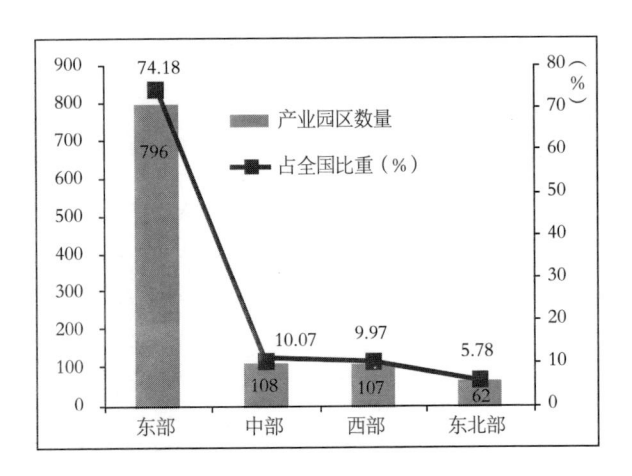

图5-10 中国文化创意产业园区投资空间不平衡

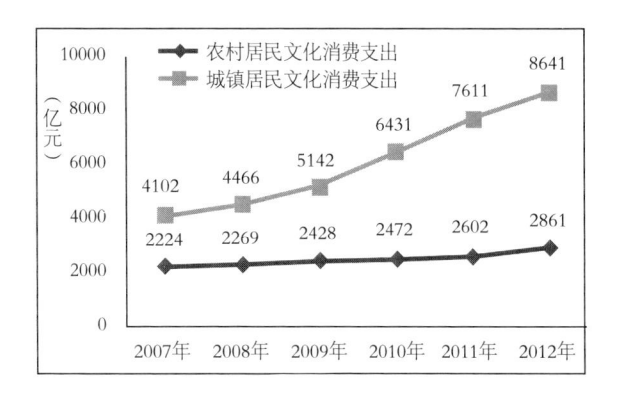

图5-11　2007—2012年城乡居民文化消费支出差距加大

（三）中国仍然是内容版权出口的小国

美国内容产业出口约占世界出口50%，也是第五大进口版权的国家。欧盟27国加在一起占到出口的30%，欧盟的特点是成员内部的贸易大于外部贸易。其他排名是日本、韩国、中国、俄罗斯等。在漫画和动画出口方面，日本虽然是世界动漫出口领先国家，但出口价值较低。作为内容大国的日本娱乐产业主要是针对国内市场需求。

中国版权出口的大头是图书类，一年有几千种图书出口世界各地。2011年动画电视出口只有区区3600万元人民币（其中还包括非版权的外包加工服务收入）。演艺出口还保留在30年之前开始的杂技表演与功夫表演类型，鲜有其他创新，更加谈不上大型剧目的产业化发展。中国电影的出口是逐年下降，由于武打动作类型片衰落，其余类型片发展不起来，2013年还不到30部，出口收入很少。

好莱坞在全球销售26亿美元左右电影门票，加上衍生品产生高达400亿美元收入，有一半以上是在海外获取。每年进口的10～15部美国大片提供了一半的中国票房。一位专家考察了中国制片产业后评价说"对于中国而言，创意产业的世界大战所带来的问题远比想象的要复杂，贯穿于生产、发行以及出口的每个环节。说到电影生产，中国在这方面仍然是一个第三世界国家。"[①]

内容版权出口发展的不尽人意也反映了一个基本事实：即过去的20年，随着市场化、商业化的单边产业发展，内容原创的创造力没有真正提升。打破了国有体制之后，如何在市场条件下保障内容原创质量、持续发现和保护原创人员才华的机制尚未建立起来。这才是一个真正的挑战。

（四）缺乏国际话语权

在西方强势文化霸权长期主导、成熟意识形态围绕压迫、全球互联网媒体即时传播的压力之下，如何讲好中国故事，发出中国声音，表现中国国家软实力？如何与世界文明/普世价值平等对话？如何使得西方媒体中立、不带偏见地报道中国与其他国家之间、中企与他国企业之间的利益冲突与重大竞争？这无疑对于正在崛起的中国是十分困难的挑战。总结缺乏国际话语权的原因有以下几个方面。

• 理论研究高度不够。对于今天中国正在进行的社会主义的改革与开放将对于全球政治、文明、社会体系变化的贡献，目前还没有令人信服的中国版的国际体系前瞻理论。

• 智库不独立，缺乏国际领军人物。当今的智库虽然不少，主要资源雄厚的还是官办居多，依赖官方预算给钱就很难有真正独立的研究，年青人也较难出头。不少其他智库虽然可以自己选题研究，但还是从事对策型研究为多，能够坚持重大问题研究的则较少。再者，国际上各国知名学者之间就同一领域的交流多，专家型官员、传媒型专家经年累月在不同国家智库任职，甚至牵头别国重要研究课题的情况也颇多，在研究界和媒体界形成某种隐形的话语权力场和强大非正式影响力。观察中国学者群体，目前在国内外具备这样实力领军人物还是太少。

• 民间外交渠道缺乏。民间外交发出的声音，很多时候在国际上比官方的宣传更

[①] 佛雷德里克－马特尔：《主流——谁将打赢全球文化战争？》，2012年版，第379页。

加有效。中国的社会管理模式不做彻底改革，民间外交也会留在徒有虚名的地步。

参考文献

［1］艾洪德 等.当前中国文化消费趋势［M］//张晓明.中国文化产业发展报告-2014.北京：中国社会科学文献出版社，2014：66-79.

［2］国家统计局.2013年中国文化及相关产业统计年鉴［M］.北京：统计出版社，2014.

［3］国家信息中心2049课题小组."未来35年经济发展长期趋势及量化比较研究".内部报告材料，2015.

［4］贺华成，张衡.关于代际研究与消费变迁报告：从80后90后00后文化属性与代际演进看投资方向［M］.申万证券研究院研究报告，2014.

［5］李炎 等.区域文化产业发展的现状与趋势［M］//张晓明.中国文化产业发展报告-2014.北京：中国社会科学文献出版社，2014：91-103.

［6］弗雷德里克·马特尔.主流-谁将打赢全球文化战争［M］.北京：商务印书馆，2012.

［7］钱穆.从中国历史来看中国民族性与中国文化［M］.北京：九州出版社，2011.

［8］孙皓晖.大秦帝国［M］.郑州：河南文艺出版社，2009.

［9］汤因比.人类与大地母亲［M］.上海：上海世纪出版集团，上海人民出版社，2001.

［10］王亚南.中国文化消费需求景气评价报告-2014［M］.北京：社会科学文献出版社，2015.

［11］王小强.千古执着大同梦［M］.香港：大风出版社，2013.

［12］姚余栋，李宏瑾.梅花与牡丹-中国经济新常态下的消费崛起［M］.杭州：浙江大学出版社，2014.

第六章

战略体系目标设计、中长期目标规划建议以及目标可行性研究

一、关于目标体系规划

文化产业目标体系的规划容易失控而涉及内容太广、太多，因为广义的文化事业发展体系及狭义的文化创意产业分别与社会治理、创新国家、科学教育、产业经济部门、区域城市发展（包括新型城镇化、美丽乡村建设）等多个体系和领域发生紧密关系。我们的建议是围绕文化事业与产业长期发展要求设置不同阶段逐步需要完成的目标，分别为结构性目标、量化目标、体制改革目标。

文化事业结构性目标的维度包括以下几个方面。

- 影响力目标包括文化软实力，国家品牌，企业品牌。
- 公民与社会组织参与度衡量。
- 社会文化生活质量/文化社会效益满意度。
- 大学文化艺术教育在世界、在亚洲区域的排名。
- 三类地区内部的文化公共产品服务体系均衡化，以及区域差别的减少。
- 主流价值观认同度/社会凝聚力程度。

文化产业数量化目标的维度包括以下几个方面。

- 产业竞争力目标包括核心产业全球化排名，出口规模，产业开放度。
- 居民与机构的文化/娱乐/媒体市场消费总量，供求关系。
- 创意人员占劳动者比例。
- 产业对GDP贡献、占比。

文化治理结构与体制改革目标包括以下几个方面。

- 行业组织、社会法人、文化工作者、企业法人的参与与自律互动。
- 社会治理的理想程度。
- 圆柔型法治环境满意度。
- 国家文化战略体系目标：国家社会治理结构、原则、手段的综合设计，适用于实现社会文化全面发展、成为文化大国的战略性总目标，可以视作一种举国体制设计。

需要说明的是，统一文化市场、完成市场化改革本身并不作为体制改革的目标。它是重要的、必要的保障举措。只要开放市场，就迟早会统一，因为商业化的资本力量自己就会通过各种手段，克服一切障碍开辟通路朝向那个方向汇集过去，实现最大化增值。

从真正繁荣文化的角度来看，既然激发内容原创是我国现代文化事业治理结构的灵魂、是关键[1]，而这一目标的达成又是不能够完全托付给单边化的市场与产业资本的；统一市场、市场化改革举措、手段就必须要为提升内容原创质量和艺术生命服务，为价值观的生产服务，体现社会效益优先的原则。不过，把手段当作目标来追求是人们经常犯的错误。

---

[1] 内容原创的核心是如何将先进向上的思想/价值观与感动人的故事有机柔和（故事构思），如何调动那些能够针对性渗透具体受众心理情绪和生理欣赏过程的、使之产生强烈共鸣的艺术手段来讲好这个故事。

我们在本章将会先完成战略体系目标设计，然后试图在"十三五"、2025 的中长期规划中，把战略体系建设目标的任务进一步分解，组合进入到每个阶段包含的结构性、数量性、治理体制性的总目标清单建议中。

二、关于文化战略体系目标设计

每一个现代化转型成功的国家都有自己成功的文化战略体系，只不过它在有些国家是显性的、鲜明的，而在另一些国家则是隐性的，通过社会共识编织在法律、社会和教育等制度框架之内。我们先研究法国和美国的实践，来作为对于中国的文化战略体系设计的借鉴。

（一）法国"文化例外"战略体系架构的三个主要特点：鲜明独特的理念，有效的中央集权体制与执行能力，三大支撑优势

法国的"文化例外"战略体系架构（见图6-1）。

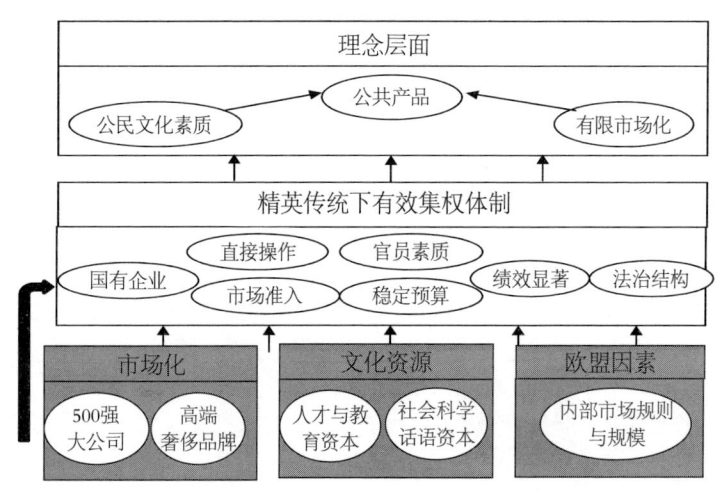

法国文化战略基于骄傲的优秀传统文化历史，以及16世纪开始的"皇室对于文化艺术和知识的扶持传统"的精英思想——《法国文化政策》

图6-1　法国的"文化例外"战略体系架构

1. 鲜明的三大理念

· 文化事业是社会发展、团结和进步的原动力之一，是最重要的公共产品，因此不可简单推向市场。往往选择在经济危机时期加大文化投资，增加就业、维护社会稳定、提升内部凝聚力。

· 文化例外：市场机制不发挥主导作用，要警惕市场自由化的负面作用。

· 政府责任：民族文化的传承保护与普及公民文化素质教育、实现文化民主化（继承共和主义的平等博爱传统）。

在三大理念支持下国家始终一贯坚持的文化战略决心。坚持政府集权下的混合经济体制；坚持法语保护、法国电影艺术传统保护、艺术教育保护、旅游与文化遗产保护，对外大力传播宣传法国文化和思想、维护法国的国家世界地位与文化大国品牌。面对全球化带来的美国文化商业霸权，坚持文化例外的保护主义。

2. 集权体制与政策有效的贯彻执行

保护文化机构的国有国营体制：法国文化部和下设地方机构直接管理公共产品文化服务的生产和运营，稳定预算投入与体制保障；官员保障政策执行结果良好。

3. 法国战略体系的三大支撑优势

· 法国工商精英与政治家关系密切（圈子文化），有一批世界级的跨国公司、是顶级奢侈品牌原产地。巴黎是世界著名艺术之都，国家文化遗产丰富。

· 从中学到大学的全民文化艺术/公民素质教育成体系，中学设置文学、历史、哲学科目，人文教育完整；在社会科学/历史等人文领域，法兰西学院不断产生世界一流的学者，拥有自主话语权。

· 法国是发起欧洲共同市场与经济政治同盟的领军国家，其文化政策/产品在欧盟内部得到支持，欧盟也成为其文化产品的天然市场。

（二）美国战略体系的特点是"三大力量＋三大支撑"

美国"无所不在"的战略协同体系（见图6-2）。

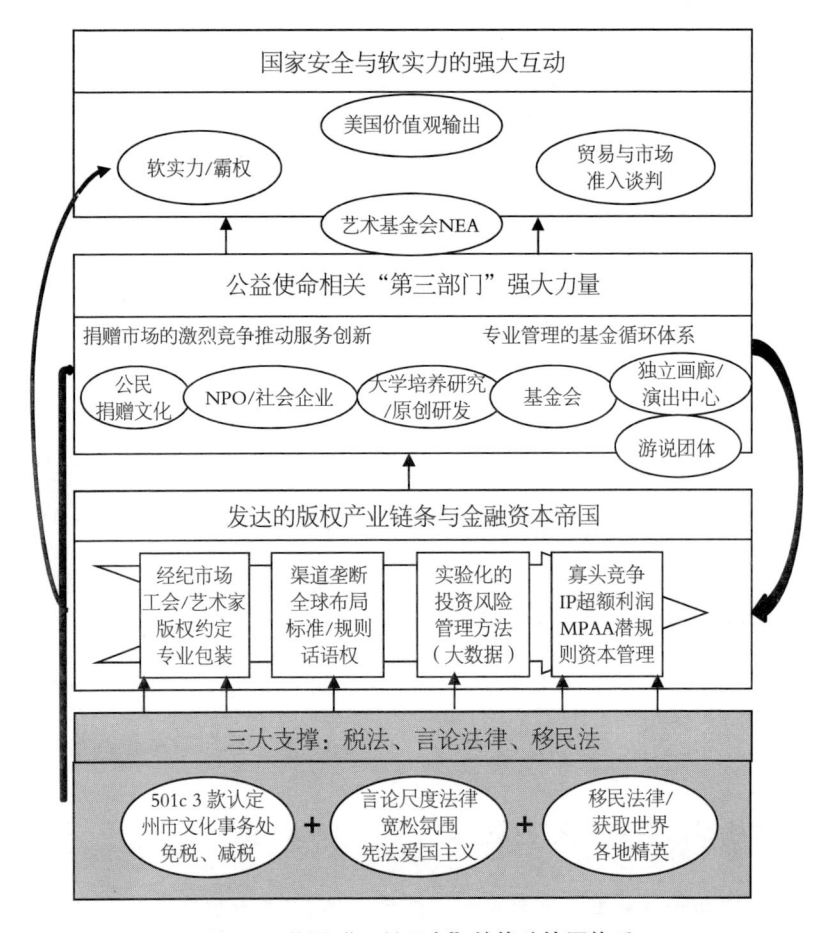

图6-2 美国"无所不在"的战略协同体系

力量一，国家的推动力量＝国家重大仪式/宗教性传播/任命NEA理事长都是总统的职责。尼克松中心发表的《美国国际利益》（2001年），明确写道。

· 第2款，在具有战略重要性国家里，促进多元化、自由和民主的发展……

· 第8款，在全球信息传播中保持领先地位，确保美国的价值观继续积极地影响其他国家文化。

911之后，美国成立了"国土安全文化局"机构强化监督控制。

力量二，"第三部门"艺术创造＝美国文化生态系统关键。

· 非营利大学作为卓越艺术实践的孵化器，多样的亚文化实践/NPO/社区，上千个专业基金会的持续关注，保证了内容原创的高水平、试验作品的市场反馈机会。

· "成千上万的公民脑中……孤独感促使他们为了公益而行动，他们是自私自利家，又是慈善家""参与、自主、志愿的动力来自文化公民权利……文化变成社会运动"……因此文化例外在美国也是事实——"是在公益的逻辑基础上，设想出一个庞大的体系来保护艺术"——马特尔《论美国的文化》（2013）。

力量三，发达的版权产业链条与金融资本帝国运作，IP收益放大机器精致高明＋追求寡头垄断市场。

· 一大批"识货"的创意市场"机场调度员"兼经纪人。
· 通过"风投孵化机制"，非营利文化正面价值力量不断修复和低效"商业文化力量"带来的艺术蝉化与负面价值，从而商业机器开动大规模传播非营利部门的社会优秀创意。

三大支撑分别是美国的慈善捐赠免税的税法安排、全球最开放的移民法、相对宽松的言论尺度管理法律。

（三）构筑中国文化战略体系必须"三管齐下"：理念转变、社会治理和三轮驱动

中国国家文化战略体系运作与治理框架（见图6-3）。

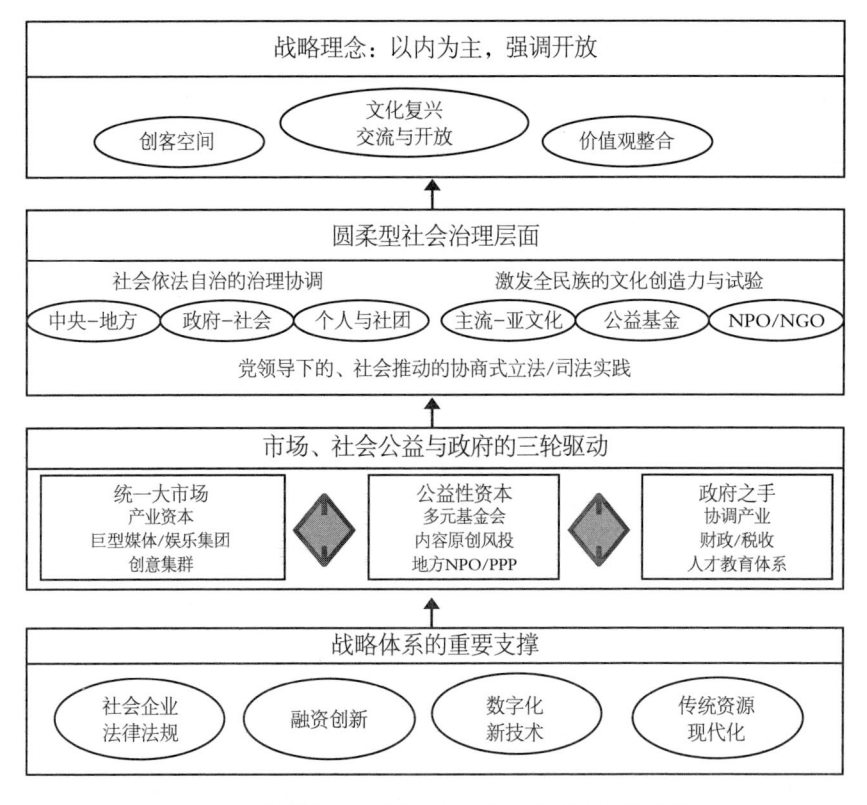

图6-3 中国国家文化战略体系运作与治理框架示意

新理念完成"转变"包括以下三个层次。

- 从内到外的转变。强调以内部社会治理、内部阶层的价值观融合为主，再由内到外，强调软实力、价值观的国际认可与更高层次的融合。
- 政府从主导到引导。社会公益性组织/第三部门代替政府与国有企业，提供更好的、针对性更强的文化公共产品和服务。

・社会效益真正优先。激活内容原创、价值观良性再生产是我国现代文化事业治理的灵魂，因此，在公共产品生产规律优先，社会效益优先，社会效益与经济效益统一的理念下，市场分别发挥引导性、有条件的积极性作用。

圆柔型社会文化治理框架顶层设计原则。

・主流意识形态管理工具的理性化、专业化与社会化（Smart Leadership），"一臂之隔"原则，从政府领导下群龙治水、多头管理发展到代表社会意志的、专业的、独立的行业机构（类似中国足协、红十字会）自治式管理。

・自下而上社会管理的自主与自治。

・依法治理与社会推动的协商式立法/司法实践的结合。

关于三轮驱动体系。政府之手、社会公益性资本、产业资本/统一大市场机制三个积极性要同时发挥，市场、政府、"第三部门"/社会组织，三者需要同时到位。

三、关于"十三五"规划目标的思考与建议

（一）与"十二五"规划的延续与衔接关系

虽然在"十二五"绝大部分时间里产业是以二位数的速度在增长、超过 GDP 的发展速度，但是与欧美国家、与日韩等国相比，正在建设小康社会的中国社会整体的文化发展基础还很薄弱，因此"十二五"发展规划中提出"打基础"目标。[①]现在

---

① 引自中央文化企业国有资产监督管理领导小组办公室副主任高书生在国家行政学院"十三五文化创意产业展望主题研讨会"的发言报道，记者邵希炜，"专家：'十三五'将是我国文化产业发展调整期"，中国经济网，2014 年 12 月 23 日。

看来，一方面，"十二五"规划中的不少关键"打基础"目标，尤其是鼓励优秀内容原创提升文化含量、建立国家文化发展基金推动主流价值观艺术化传播、建设均等化的文化公共服务体系、打通文化产业与文化事业的区隔这些重大目标等，并没有按期完成投入，或者投入不足或是投入之后效果不理想。另一方面，"十二五"期间，文化市场的产业化发展深度仍然不够、产业集中度不高，尤其是缺乏作为产业引擎的大型骨干企业[①]；最后，文化产业与国民经济部门、与社会其他领域的融合度也不高。

"十二五"规划在目标实现上出现的以上偏差其实并不让人吃惊，第二章的分析表明，在政府和文化市场的关系这个核心问题上，大家其实没有形成共识（社科院文化研究中心副主任贾旭东研究员也是这个看法），因此，在操作中，更加偏向以"单边化市场化改革"为主要抓手，而我们知道"单边化的市场改革"是依靠转制和企业化培育市场主体的，是忽视事业法人的发展环境建设中政府的积极作用的。这样政策的制定与执行，就容易被市场和资本利益集团的短期利益"忽悠"，就不能在"打基础"目标上真正下功夫。

（二）"十三五"产业发展的方向讨论

总结国内专家们表达的对于"十三五"期间产业发展期望[②]，应该主要聚焦在以下五个方面。

1. 继续"打基础"的工作

打基础有两个方面：一是更大的投入，包括政府和社会的投入，具体到财政资

[①] 2014年评选的我国文化30强企业的平均营业收入为82亿元，平均净资产70亿元，比制造业、互联网等领域的龙头企业规模要小一个数量级，也意味着这个行业对于优秀经营人才的吸引力不大。唯一进入中国企业500强的国有文化传媒类企业是上海文广SMG集团，总资产规模达468亿元、收入250亿元。

[②] 主要包括高书生、祁述裕、张晓明、贾旭东、厉无畏、陈少峰、刘士林、梅松等在国家行政学院"十三五文化创意产业展望主题研讨会"上发言的专家。

金、资本、技术和人才投入；二是在学术和产业理论上打基础，把握改革规律和产业规律。

2. 加大产业发展动力与空间

促进文化消费，特别是乡村居民的消费能力提升。

促进传统文化旅游与乡村扶贫、美丽中国的结合，促进农村文化产业发展。

文化产业带建设与产业空间布局、区域差异化的分工进一步合理。

国际市场拓展和参与国际产业分工。

3. 促进产业融合与转型

文化与制造业的融合，推动中国智造的创意与品牌培养。

文化创意产业和金融的融合。利用互联网金融支持文化创意项目，支持创意阶层和社区工作。

文化创意产业与科技的融合。大力发展新型文化产业。

4. 文化软实力建设

扭转国际话语权的被动态势。

紧密结合国家"一带一路"倡议，扭转周边国家与我国在文化上离散的趋势。

与国民教育体系的融合。重视价值观教育、艺术教育在国民素质培养中的作用。

5. 文化体制改革，文化立法

通过建立法律红线，减少产业的不可预见性，减少资本投入风险。

尽快推动《文化产业促进法》出台，市场准入和负面清单管理。

（三）"十三五"文化事业与产业发展的目标

按照前面目标体系的讨论，结合业内专家的看法，"十三五"目标规划（见图

6-4）也包括三类：第一，产业国内规模与全球地位发展的数量性指标；第二，在文化事业的普惠与全民参与方面，加大公共投入，带动和推动发展文化"第三部门"的结构性指标；第三，探索建立中国特色的保障内容原创发展及社会效益优先机制的体制改革目标。

> - 产业继续保持较快和高质量发展，助力实体经济转型与绿色城镇化建设，占GDP的6%
> - 2020年机构与个人娱乐与媒体支出水平规模达到2600亿美元，超过日本成为世界第二大国
> - 保持网络游戏世界第一大市场规模，实现出口平均25%成长，2020年达到90亿美元；通过游戏带动动漫创意产业发展，反哺内容原创环节
> - 数字媒体广告比例达到35%以上，接近全球2015年的水平，形成专业的新型传媒巨头
> - 文化事业费占国家财政总支出翻一番，提高到1%，推进政府购买服务、文化PPP的力度，推动社会组织提供公共服务的新机制
> - 中西部地区文化公共服务体系人均预算标准出台
> - 完成顶层设计、改革完善内容原创与产业管理体制，形成2049文化新治理框架的共识
> - 试点各种类型文化公益基金会/社会企业/社团组织法人发展的新规范、探索新治理
> - 建立国家文化艺术公益基金会
> - 建立版权基金会，加大对于优秀原创艺术作品作者的激励

图6-4 "十三五"目标规划建议

（四）"十三五"目标规划的可行性与难点

目标清单上列出的四个数量性目标实现的可能性是很大的。

（1）只要产业继续保持较快和高质量发展，在加快和国民经济其他部门融合的过程中，一方面助力实体经济转型与绿色城镇化建设，另一方面实体经济对于创意设计的需求也被带动，到2020年文化创意产业增加值占到GDP的6%应该是较低目标。

（2）普华永道（2013）对于2016年的预测数据显示，中国市场水平届时将接近日本。我们根据同样的基础数据进行了中长期测算，结果显示：只要保持12%的发展速度，到2020年，中国的机构与个人娱乐与媒体总支出水平规模可达到2600亿美元，从而超过日本成为世界第二大国别市场，但还是不到美国市场规模的1/3，仍然有较大差距。

表6-1　2007—2016年主要国家在娱乐与媒体市场的全球排名变化预测

国家	占全球总量的比例 / %			2012—2016 CAGR（复合成长率）/ %
	2007年	2012年	2016年	
美国	32.8	29.0	28.2	5.2
日本	13.4	11.8	10.5	2.8
中国	4.4	7.2	9.1	12.0
德国	6.6	6.0	5.4	2.7
英国	5.7	5.0	4.6	3.1
法国	4.7	4.7	4.3	3.4
意大利	3.2	2.8	2.5	3.1
加拿大	2.6	2.8	2.9	6.5
巴西	1.7	2.6	3.1	10.6
韩国	2.1	2.4	2.2	4.2
澳大利亚	2.0	2.2	2.1	5.2
西班牙	2.2	1.7	1.6	2.5
中东/北非	0.8	1.7	2.1	11.4
印度	0.9	1.5	2.0	14.3

数据来源：根据《普华永道全球娱乐与媒体市场报告：2012—2016展望》第49页有关数字推算。

（3）在上一章战略机遇中我们已经论证过，继续保持网络游戏世界第一大市场的规模、实现出口平均25%成长是可行的。这样在2020年可以实现90亿~100亿美元的出口，具有国际影响力。通过游戏巨头公司的成长，以及他们对于平台产业生态的大力投入，就可以聚集人气与项目，带动动漫创意产业的发展，一定程度上反哺内容原创环节的资源与投入不足。

（4）美国的传统媒体已经从与数字媒体融合阶段走向CDE阶段，去中介媒体化过程中的业务模式创新速度很快。包括欧洲传统的平面广告收入基本被美国的几大互联网平台"截流"了，因此，我们国家"十三五"期间的媒体产业升级的关键是传统媒体与新媒体融合之后的专业能力打造、形成专业的全传媒巨头，提升互动精确数字化媒体广告服务能力，同时抓住广大移动智能终端用户个性需求（网络文学、手游、社交），我们提出数字媒体广告比例达到35%以上，也就是接近全球2015年的水平（见图6-5）。

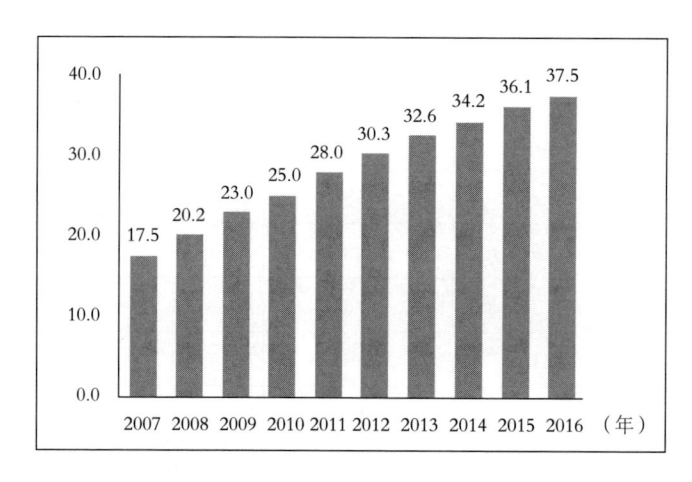

年份	比例(%)
2007	17.5
2008	20.2
2009	23.0
2010	25.0
2011	28.0
2012	30.3
2013	32.6
2014	34.2
2015	36.1
2016	37.5

数据来源：《普华永道全球娱乐与传媒市场报告——2012—2016展望》，2013第48页。

图6-5 新媒体广告占全部开支的比例上升很快（%）

而目标清单上列出的两个关于文化事业的结构性目标实现需要艰苦努力。

1. 文化事业费占国家财政总支出翻一番，提高到 1% 左右

党的十八大明确提出"到 2020 年，基本建成公共文化服务体系"的目标，这需要加大财政投入。2013 年实际支出的文化事业费占中央和地方公共财政总支出的 0.6%[①]，已经比 2009 年的 0.39% 提高了 50%，"十三五"期间再翻一番，提高到 1% ~ 1.2% 应该是可以实现的。服务体系建设难的不是预算金额而是思路转换，转换核心是服务的结构设计和提供方式需要转到 PPP 模式及公民参与的新思路上。

"十二五"期间及之前，我国公共文化服务体系建设不均衡、不协调、不可持续的问题仍很突出，其中一个突出的问题就是，不少政府文化管理部门喜欢大包大揽，从政府想法出发设计和提供公共文化产品，而不是注重和尊重公众意愿，由此造成投资浪费、效益低下、满意度很低的结果。这样的机制也会形成腐败。

结构性转换标志是政府不再直接介入文化公共投资与提供服务，而是把公共预算用来支持 PPP 项目和建设政府购买服务新机制，以此来推动主要通过社会组织、企业组织、事业法人分别以合作的方式来提供针对性的、符合民众意愿的、保证质量水平的文化服务包。但祁述裕教授说得更好："政府并不保证提供公共产品，政府只保证公共产品被提供"。"构建公共文化服务重在最大限度地实现公民参与，应该在构建公共文化服务体系中强调公民共享、共建、共有的原则。做到这些，一要按照公众的意愿，提供公众喜闻乐见的产品；二要鼓励社会力量提供公共服务；三要鼓励公民参与公共文化服务管理……突出公民的自我设计、自我管理、自娱自乐"。[②]

2. 中西部地区文化公共服务体系人均预算标准出台与落实

2015 年 1 月 14 日，中办、国办印发了《关于加快构建现代公共文化服务体系的意见》明确提出要加大财税支持力度，同时创新公共文化服务投入方式。意见的附

---

① 财政部数据，引自"中国发展门户网"。
② 祁述裕. 按公众意愿提供公共文化产品 [N]. 北京日报，2015-03-09.

件是一个基本公共文化服务标准化、均等化的资源配置指导目录。

我国幅员辽阔,城乡之间、区域之间经济社会发展的水平差异比较大,省内财政差异比较大,对欠发达的中西部地区、民族地区、边疆地区、革命老区就需要在转移支付之外,中央政府多承担一些支出责任。再有,公共文化服务体系遍布全国城乡,而且主要在基层,区县以下,乡镇、社区,这就需要合理、科学地确定各级财政的支出责任。公共文化领域的中央和地方政府事权划分,和预算、税制、中央与地方其他事权与支出责任划分密不可分,是一个复杂问题。

我们高兴地看到,关于中西部地区公共文化方面的资金投入分担比例问题,财政部联合文化和旅游部、国家广播电视总局已经拟采取措施,比如一个服务项目的标准是 100 元,中央拿 80 元,西部地区拿 20 元,在中部地区就是各拿 50%[①]。东部省份采取主要是根据绩效进行奖励支持。

有标准、有资金和责任划分固然重要,但是更加重要的是落实标准、提供服务的实施工作不走样,能够采用新理念、新方法,而不是政府自娱自乐,甚至造成寻租的机会。

在"十三五"目标清单上有四项关于建立内容原创发展的公益基金会、版权基金会,以及促进社会组织发展、社会效益优先的产业管理体制目标,是打造未来文化战略长期战略体系的第一步。如果中央真正能够拿出决心,抓好文化公益事业,目标是完全能够实现的。

(1)完成顶层设计、改革完善内容原创与产业管理体制,形成 2049 文化新治理框架的共识。最为重要的共识包括以下几点新理念。

• 从外到内的转变,强调以内部社会治理、价值观融合为主,再由内到外。

• 政府从主导到引导,社会公益性组织/第三部门代替政府与国有企业,提供更好的公共产品。

[①] 财政部教科文司司长赵路:"答中国经济网文化产业频道记者提问"。

・激活内容原创、价值观良性再生产是我国现代文化事业治理的灵魂，因此，在公共产品生产规律优先，社会效益优先，社会效益与经济效益的统一的理念下，市场分别发挥积极性以及有条件的主导性作用。

（2）试点各种类型文化公益基金会/社会企业/社团组织法人发展的新规范，探索新治理，工作重点是加快制定与完善文化公益第三部门事业推进相关的法律、法规、税法，从而实现以下几个方面。

・鼓励各类企事业单位、社会力量和个人捐赠文化公益基金与民非机构/文化社会企业/企业化NPO，捐赠资金可依法在计算企业所得税、个人所得税应纳税所得额时扣除。

・对社会资本投入文化设施与内容创意人才基础培养的PPP非营利项目，应当继续落实土地、税收、金融等方面的优惠政策（需要预算法相关的法律依据与合法的操作平台）。

・降低文化公益基金/NPO组织设立的批准门栏，一般文化类社会企业的准入更加宽松。

・在有条件地区试点文化社会企业/企业化NPO的备案与优惠安排。

・探索基于基金会投入与社会企业公益项目众筹平台支撑的内容原创发展保障，以及社会效益－经济效益协调的机制。

（3）建立国家文化艺术公益基金会，该目标是在"十二五"规划期间出台的国务院文化产业振兴规划中提出的。

文化精品制作生产工程（见图6-6）。

> **国家文化发展基金**。设立国家文化发展基金，面向全社会文化机构和个人进行资助，鼓励原创和现实题材创作，重点资助重大革命和历史题材创作、优秀少儿作品创作，扶持重点文学艺术作品创作，引导文化产品创作生产，支持人才培养。
>
> **精神文化建设"五个一工程"**。重点推出一批弘扬主旋律、体现多样化的优秀电影、电视剧、广播剧、戏剧、歌曲和文艺类图书。
>
> **国家出版基金**。继续扩大基金规模，建立健全管理体制和工作机制。重点支持一批代表国家水准的优秀人文社科类出版物出版。

图6-6 文化精品创作生产工程

（4）建立版权基金会，对于优秀原创艺术作品作者及其团队、发现优秀原创的赞助机构等给予创作奖、伯乐奖，该目标起到的作用与"十二五振兴规划"中提到的"五个一"精品工程、国家出版基金的作用完全一样。

四、关于2025中长期规划目标的设想与论证

2025年文化发展中长期规划目标（见图6-7）。

> ➢ 世界第一互联网创意与娱乐经济，文化与经济深度融合
> ➢ "中国创造品牌"50强走向世界、为全球人民服务、享有好口碑
> ➢ 影视产业大发展，内地+香港影视资源整合，世界第三大电影节品牌
> ➢ 文化内容创意+版权+相关产业=国民经济的最大支柱产业，就业人数>10%
> ➢ 文化社会企业/NPO从目前的9万个增加到28万个
> ➢ 第三部门雇用艺术家/文化创意工作人员1000万人（包括志愿者群体）
> ➢ 文化类公益基金从目前200个左右发展到1000个以上
> ➢ 基本形成全国区域化的公共文化服务体系
> ➢ 开始形成文化社会依法律自治、党与政府"一臂之隔"的"圆柔型"治理
> ➢ 文化软实力的国际话语权加强，文化战略智库奠定地位

图6-7 2025文化发展中长期规划目标

第六章　战略体系目标设计、中长期目标规划建议以及目标可行性研究

2025十年发展规划的产业数量性目标有四个。

第一，世界第一互联网创意与娱乐经济、文化产业与经济其他部门实现深度融合。

从图6-8显示的布局来看，阿里和腾讯进入创意和娱乐产业链的广泛性与深度，都要超过亚马逊和苹果，考虑到中国市场的成长性，世界第一的娱乐经济目标不难实现。腾讯在娱乐传媒IP生产、运作及渠道布局方面类似美国的传媒第一巨头迪士尼集团，两家在2014年就达到了1500亿美元的市值水平，不过到了2018年，腾讯的市值超过了4000亿美元，迪士尼还在原地未动。

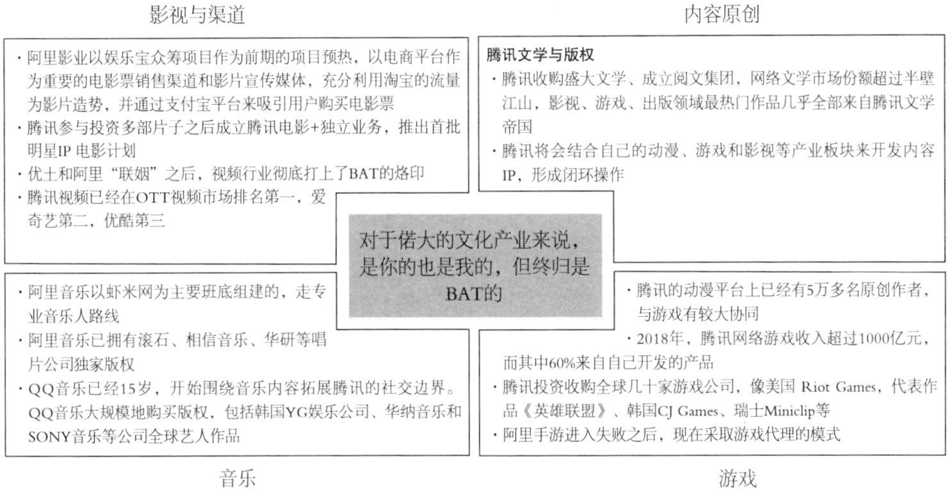

影视与渠道

- 阿里影业以娱乐宝众筹项目作为前期的项目预热，以电商平台作为重要的电影票销售渠道和影片宣传媒体，充分利用淘宝的流量为影片造势，并通过支付宝平台来吸引用户购买电影票
- 腾讯参与投资多部片子之后成立腾讯电影+独立业务，推出首批明星IP电影计划
- 优土和阿里"联姻"之后，视频行业彻底打上了BAT的烙印
- 腾讯视频已经在OTT视频市场排名第一，爱奇艺第二，优酷第三

内容原创

腾讯文学与版权
- 腾讯收购盛大文学、成立阅文集团，网络文学市场份额超过半壁江山，影视、游戏、出版领域最热门作品几乎全部来自腾讯文学帝国
- 腾讯将会结合自己的动漫、游戏和影视等产业板块来开发内容IP，形成闭环操作

对于偌大的文化产业来说，是你的也是我的，但终归是BAT的

音乐

- 阿里音乐以虾米网为主要班底组建的，走专业音乐人路线
- 阿里音乐已拥有滚石、相信音乐、华研等唱片公司独家版权
- QQ音乐已经15岁，开始围绕音乐内容拓展腾讯的社交边界。QQ音乐大规模地购买版权，包括韩国YG娱乐公司、华纳音乐和SONY音乐等公司全球艺人作品

游戏

- 腾讯的动漫平台上已经有5万多名原创作者，与游戏有较大协同
- 2018年，腾讯网络游戏收入超过1000亿元，而其中60%来自自己开发的产品
- 腾讯投资收购全球几十家游戏公司，像美国Riot Games，代表作品《英雄联盟》、韩国CJ Games、瑞士Miniclip等
- 阿里手游进入失败之后，现在采取游戏代理的模式

图6-8　阿里巴巴与腾讯在版权内容、渠道、游戏与音乐领域的全面布局

2014年春，为了推进本项研究，我们在上海访谈一位资深文化企业高管，她建议我们多注意BAT进入文化产业的布局，我们最初还有些不以为然，但是现在，我们体会到"对于偌大的文化产业来说，是你的也是我的，但终归是BAT的"这句话是多么的正确啊。因为BAT的巨大优势，能够吸引足够的资源（资金、人才、项目、IP经营管理）打造媒体与娱乐板块（比如阿里的音乐版块、基于优酷的视频版块），又因为BAT在"互联网+"的发展浪潮中和其他产业的合作关系，创意IP的

125

跨产业流通生态环境也得到大大改善。

同时,头条、爱奇艺、快手、B站等专注视频内容与分发的互联网娱乐平台公司会继续做大。中国的互联网娱乐市场发展速度应该超过美国。中国互联网公司最大的有利条件:一是中国市场、一带一路市场的消费者年轻,二是公司创始人年轻敢作敢为,三是既得利益集团力量并不牢固。据称,美国苹果公司在宣布进入互联网电视市场之前考虑再三,是因为要平衡和好莱坞六大公司以及其他电视网络集团控制者的利益关系、达成默契。中国的互联网玩家在这方面的压力其实不大,只是需要在版权、青少年保护、舆论引导等方面按照"行业自律"原则加强专业性。

第二,"中国创造品牌"50强走向世界,为全球人民服务,享有好口碑。

虽然目前在世界500强上榜的中国公司已经接近80家,但是真正的有竞争力、创新力或者品牌号召力的中国跨国公司没有超过20家。华为、海尔、联想、中车、阿里巴巴、中集、中国银行、中远、腾讯等应该排在前列。未来十年是中国企业融入全球市场大发展,被全球的客户、消费者接受的关键时期,创意、创新、基于产品服务质量的品牌是中国跨国公司成功的关键。中国跨国品牌50强必须是在全球被接受,而不是中国自己评选出来的,企业的文化品牌建设、道德诚信建设、管理层及员工行为准则都是关键。

第三,影视产业大发展,"内地+香港"影视资源整合,打造世界第三大电影节品牌。

北京、上海和香港都有国际电影节,都遇到挑战,如果能够整合品牌,形成集中和差异化的优势,打造亚洲第一、全球第三(美国、法国之后)的机会是有的。

第四,文化创意+版权交易+媒体+互联网相关产业+体育经济+旅游=国民经济的最大支柱产业,就业人数>10%,预测占GDP的比例>10%。

文化产业的GDP贡献应该在7%左右,加上旅游和体育经济可以达到10%。旅游产业增加值的单独统计据称占GDP的3%~4%,不过考虑到文化创意产业与旅游产业、体育消费的分类产业统计在地方城市/区县应该避免不了重复计算。从解决就业、稳定社会来看,这是需要政府最为关注的大产业。

2025十年发展规划的文化事业结构性目标也有四个，分别论证如下。

第一，文化社会企业/NPO从目前的不到9万个发展到28万个。目前在文化领域有5万左右事业法人，3.6万家社会非营利组织（包括"民非"），10年要成长2倍多，有一定挑战。

"中国社会组织发展规划（2014—2020）研究"是民政部2013年委托国家行政学院的顶层政策设计重大课题，项目由国家行政学院社会和文化教研部副主任马庆钰教授主持。课题组提出了一系列重大的社会组织发展与改革建议：在修改完善《社团登记管理条例》《基金会管理条例》《民办非企业单位登记管理暂行条例》的基础上，尽快启动制定《中国社会组织法》，提高政府对社会组织管理和服务的法治化水平。在慈善捐款目标上，从2012年占GDP约0.05%[1]提升到2020年的0.84%，初步达到目前发展中国家的慈善公益水平（占GDP的1%左右[2]）。

依据中国社会组织第三部门2020年发展目标测算2025文化事业第三部门占比目标（见表6-2）。

表6-2 依据中国社会组织第三部门2020发展目标** 测算2025文化事业第三部门占比目标

	全部第三部门社会组织	文化第三部门	第三部门规模 全部	第三部门规模 文化
每万人拥有社会组织/个	8	2	113.92万	28.48万
全职雇员人数占经济活动人口比重接近/%	3%	1%	3000万	1000万
社会组织总支出占GDP比重/%	3.12%	1.34%	5.57	2.23
慈善捐赠投入公益占GDP比重*/%	0.84%	0.34%	1.39	0.56
社会组织增加值占GDP比重/%	2.10%	0.96%	3.98	1.59
公益基金本金占GDP比重/%	4.22%	0.90	7.00	1.50
捐赠总数占GDP/%	2.20%			

* 2012年慈善捐款占GDP0.05%。
** 2020年目标部分来自马庆钰：在法治思维下促进社会组织发展，2014年12月22日，学习时报。

---

[1] 数据来源：钱为家，社会创新与战略公益-强化中国非公募机会运营优势的战略思考，中国非营利评论，第6卷，287页。
[2] 数据来源同上。

借助中国社会组织2020发展目标设计的思路，我们采取每万人拥有2个文化社会组织的假设，测算出2025年文化事业第三部门28万个的目标应该是可以实现的①。根据人均产值/增加值等假设，我们计算出文化社会组织创造的增加值占GDP的1%，总支出占1.34%，收支差异需要通过公益捐款（0.34%）、捐赠、政府拨款来解决。

虽然社会组织/NPO、公益基金会的发展在过去遇到许多困难，但在互联网数字化时代，公益组织和公益项目完全可以通过微信平台组织志愿者，用市场化创新手段，比如借助股权众筹平台，大规模对接社会公益企业的创业者与天使投资人/捐助人的个性需求。

第二，第三部门雇用艺术家/文化创意工作人员（包括志愿者群体）达到1000万人。如果上面发展28万个社会企业法人的目标实现，平均一个机构的全职和志愿者为30~40人，文化第三部门的1000万人就业可以实现。这就为在广大的国土疆域提供高质量的公共文化服务创造扎实的基础

第三，文化类公益基金从目前200个左右发展到1000个以上。文化公益基金的重要性不光是支持草根性的文化社会组织/社会企业的项目计划，还将重点对于优秀文化的人才培养、优秀原创的创作支持、大学艺术教育的独立研究给予长期资助。逐步发挥原创内容领域风投基金、种子基金作用。

第四，基本形成全国区域化的公共文化服务体系。只有几十万个社会组织、社会企业真正从政府手中接过文化公共服务事业/设施，市场化、专业化的方式运营，全国的公共文化服务体系才能够运转起来，否则只会是浪费公共投资、服务水平低下，招致群众的批评与抛弃。

---

① 国家发改委社会所一份调查指出：2011年年底正式在册规模46.2万个，其中，民非20多万个（教育占到一半）。大量社会组织并没有注册和法人认证，估计300多万个。也就是说，90%处于非正式的地位，合法化1/3就可以达到114万个的总数；而教育民非有许多也是与文化公益相联系的，存在重复计算的可能。

十年发展规划的文化管理体制建设重要目标有以下三个。

第一，开始形成文化事业/行业依法律自治、党与政府"一臂之隔"的"圆柔型"治理。

按照党的十八届三中全会要求，到2020年关键领域要取得重大进展，体制改革战略的基础是实施"2025文化治理建设蓝图"（见图6-9），这个阶段政府需要减少直接行政干预，中央与人大的决策机构这个时期要发挥更多的体制性、政治性、法律方面的决策作用，以及完成政治资源、司法资源、立法优先级的重大决策，尽快推动文化从"管理"到"治理"体制的根本转变。

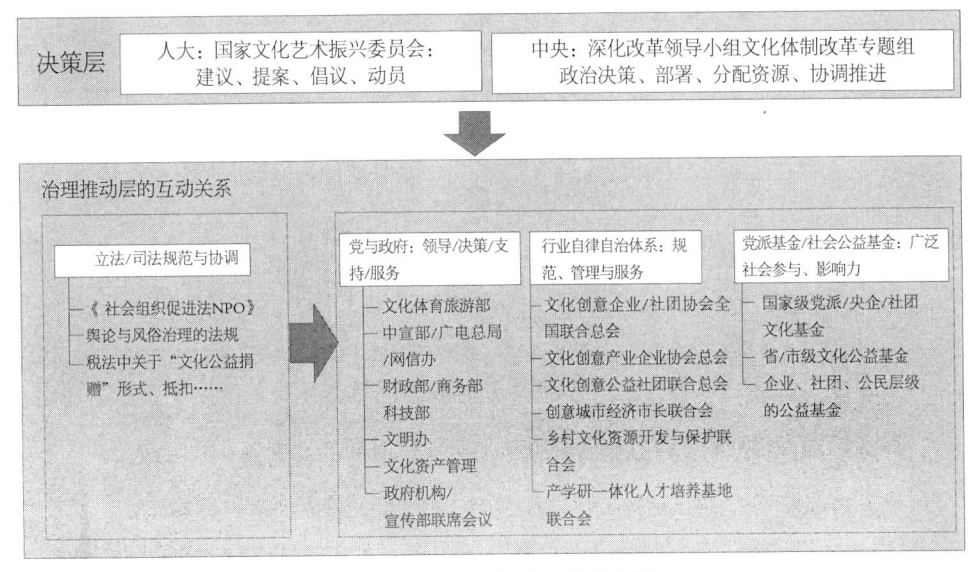

决策层	人大：国家文化艺术振兴委员会：建议、提案、倡议、动员	中央：深化改革领导小组文化体制改革专题组 政治决策、部署、分配资源、协调推进

治理推动层的互动关系

立法/司法规范与协调	党与政府：领导/决策/支持/服务	行业自律自治体系：规范、管理与服务	党派基金/社会公益基金：广泛社会参与、影响力
《社会组织促进法NPO》 舆论与风俗治理的法规 税法中关于"文化公益捐赠"形式、抵扣……	文化体育旅游部 中宣部/广电总局/网信办 财政部/商务部 科技部 文明办 文化资产管理 政府机构/宣传部联席会议	文化创意企业/社团协会全国联合总会 文化创意产业企业协会总会 文化创意公益社团联合总会 创意城市经济市长联合会 乡村文化资源开发与保护联合会 产学研一体化人才培养基地联合会	国家级党派/央企/社团文化基金 省/市级文化公益基金 企业、社团、公民层级的公益基金

图6-9 2025文化治理建设蓝图

从政府领导下群龙治水多头管理模式发展到"一臂之隔"的服务模式，具备三个特点：一是由党领导的代表社会意志的、专业的、独立的行业管理机构（类似红十字会、中国工商联）对于行业实施总体的引导式监管；二是推动自下而上社会团体的自主与自治管理实践；三是依法治理与社会推动的中国特色的协商式立法/司法实践结合，立法、司法协调与司法实践是体制建设的重点。

一旦这个新体制建立起来,人民可以期待,到2025年,国家—市场—社会—公民互动自治的法治化治理框架建构的任务基本完成,在实施中不断完善;文化体制机制是充满活力、富有效率,有力促进文化、教育与科学领域发展,促进产业之间的融合。

第二,文化软实力的国际话语权加强,文化战略智库奠定地位,出现有国际影响力的理论研究成果。

第三,美国数量庞大的各类型民间智库已经成为美国式的"举国体制"和其国际话语权软实力的基础。特别是在政府采用"一臂之隔"策略、在文化舆论领域实施间接管理之后,智库可以起到对于民间舆论导向(包括对于政府的指责批评)的引导、疏导作用。因此,对于我们的知识分子必须赋予足够的信任,大力放手扶持民间智库的发展,在制度上和财务税务政策上支持智库不受干扰独立营运,在专业分工上鼓励建设智库的核心能力,在国内国外调研、公共政策意见发表、政府学者对话和成果的大众传播方面创造更多便利。只有在国内有足够多的民间智库参与公共政策讨论话题的议程设置,发出独立的、代表民意和基于严肃学术研究成果的声音,才能够间接完成国家在外部话语权的提升。对于目前领先的二十多家智库来说,如何在未来十年左右的时间,成为官助民营的、独立运营、财力雄厚的社团法人,吸引民间与国外专家加入,拿出有影响力的理论研究成果,还是很有挑战的。

五、中国文化战略的 2049 展望

预测30年之后的发展场景是有很多风险的,这里我们局限自己的视野,做一个有限的展望,图6-10通过八个方面描绘了2049文化战略的愿景。在2049中国成为世界第二大的文化品牌强国,同时,国内的文化社会经济体制完全融合,国际上可以与西方所谓普世价值平等对话。在解决人类共同面临的文明危机

应对方面，形成超越对抗、和谐发展的可输出思维模式，蓄势不发。

> - 中国500强企业中有100家以文化创意/版权投资/娱乐高科技为主业
> - 产业资本全球化竞争实力接近美国，成为世界第二文化品牌强国
> - 全球文化100强企业中，30%左右为中国产业及金融资本控股或相对控股
> - 20%的就业人口从事广义的文化创意娱乐体育产业
> - 国民积极参与文化生活，全国范围内实现文化公共产品服务体系均衡化
> - 产生500家有品牌声望的社会性公益基金（平均拥有100亿元本金），达到2019—2020年美国基金会规模的水平
> - 国家—地方—社会文化"圆柔型治理"、自治型的法治化框架运转成型
> - 软实力方面：形成全球新文明话语体系

图6-10　2049文化战略发展愿景

2049愿景中有四个目标是和产业地位有关。

第一，中国500强企业中有100家以文化创意/版权投资/互联网游戏娱乐/人工智能娱乐机器人开发为主业。

在2014年还只有上广电一家文化企业加入500强俱乐部，2017年加入了万达文化、华侨城、科大讯飞等文化企业。2030年前后，我们将可以看到BAT公司参与孵化的独角兽（如优酷），以及类似抖音/头条、爱奇艺、B站加入500强俱乐部。在2025年之后，随着神经学、生物学与互联网技术的大融合，随着超级计算机的能力发展到可以满足上传人类神经的需求，按照美国人工智能发明家、预言家库兹威尔（Kurzweil）的说法，我们在接近"奇点"[①]计算机智能超越人类智能的"奇点"（Singularity Point）发生的预测时间在2045年，这样我们将观察到新一代互联网条件

---

① 库兹威尔，《奇点临近》，机械工业出版社，2015年版（原版为2005年出版，英文名称 *The Singularity is Near – When Humans Transcend Biology*）。

下的娱乐高科技企业崛起①，人类的日常生活离不开机器智能助手－基于智慧的机器学习模式，大量的学习机器人－人工智能助手将被发明出来，有些是采用物理的形式出现，很多机器人则和网络游戏一样是在"云中"（Cloud）生存、升级，被我们随时用语音调用，通过智能比我们自己还要了解资金的偏好。人工智能2.0与机器智慧学习出现将彻底改变人类学习、娱乐与社会交往方式，极有可能引发一场新的文化革命②。对于产业创新者与挑战者来说，又是一次大洗牌的机会，希望有一大批中国企业能够抓住这次机会，成为人工智能模式运用的超级玩家③。

第二，产业资本全球化竞争实力接近美国，成为世界第二文化品牌强国。

表6-3预测了未来30年中美日印四国娱乐媒体文化市场的长期发展趋势，日本在四个阶段的市场增长动力显得不足，主要为人口老龄化带来消费下降的拖累。美国的增长比较健康，是因为数字化媒体转型速度和社会人口结构比较健康，开放的移民政策对于保持这个趋势很关键。中国快速发展20年之后减缓趋势明显，也是人口老龄化来临所致。印度在这个时期保持中高速，是因为其年轻的人口结构。根据这一组增速的预测，我们进一步得出四国市场的绝对值发展，如图6-11所示。

---

① 媒体报道阿里巴巴联手富士康参股日本软银控股的机器人公司，该公司产品包括有5岁智能的情感机器人Pepper。见日本经济新闻报道："全球人形机器人市场竞争激烈"，《参考消息》，2015-06-20。
② 关于机器智慧超越人类带来的社会后果与进化后果，见库兹威尔在2005年出版的畅销书《奇点临近》，中文版，机械工业出版社，2015年版。关于2049前后人类社会的文明进化新模式"第五个文化阶段"的描述，见原罗马俱乐部的资深研究员乔根·兰德斯：《2052-未来四十年的中国与世界》，译林出版社，2013年版，296-300页。
③ 特别感谢新供给研究院特邀研究员、诺亚财富研究院首席经济学家金海年，新供给研究院副理事长、金陵软件基金董事长王广宇先生在研究院发表的精辟观点，让我们关注人工智能、奇点发生将给文化娱乐产业带来的革命性变化。

表6-3　2012—2049中美日印四国娱乐媒体文化市场的长期增长速度比较

平均复合增长率 / %	2012—2016 年	2017—2025 年	2026—2039 年	2040—2049 年
美国	5.20	4.71	3.00	2.70
日本	2.80	2.64	1.75	1.32
中国	12.00	7.44	5.36	3.57
印度	14.30	9.71	7.90	6.32

数据计算依据：2012—2016 年增长率基于普华永道报告的预测数据；后面三个时间段增长率推算基于中国统计局 2012—2014 年实际数据、课题组转型系数换算（人口老化率、数字化媒体转型度）假设，以及各国的 GDP 等数据（基于国家信息中心《2049 课题 - 未来 35 年中国发展量化目标的比较分析》）。

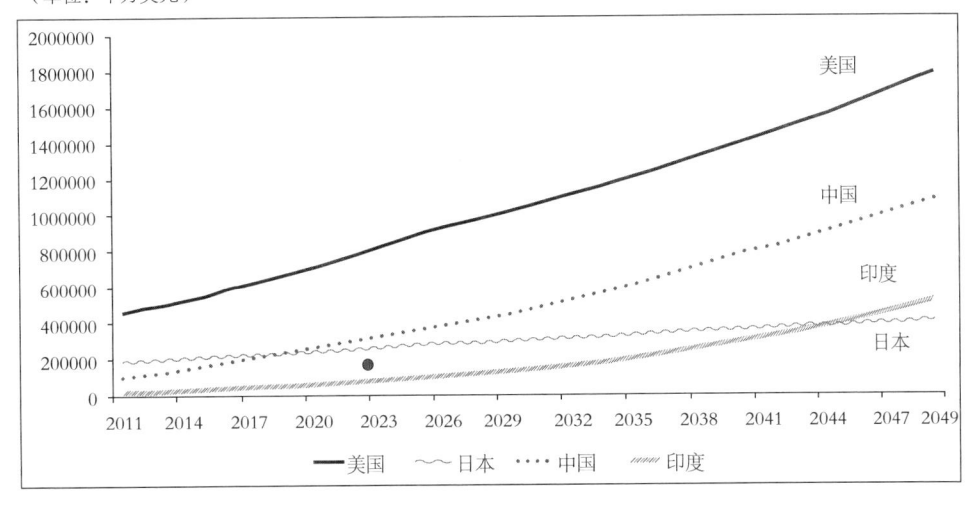

（单位：千万美元）

图6-11　四国发展长期趋势示意：2020年中国娱乐媒体支出市场规模首先超越日本；2044年预计印度将超越日本；2049年美国依然是文化娱乐媒体的超级大国

中国娱乐媒体的市场规模与美国之比从 2012 年的 25%，提高到 2049 年的 60%，差距大大缩小。但美国仍然继续保持强国的地位，因为从创意能力环境建设、全球人才吸引力、高科技技术创新领先地位、文化教育等多个方面，美国仍然将在未来保持多元化的、分散式的发展势头。中国虽然在追赶中能够有所谓"后发优势"，但是因为中国的改革与管理模式偏向集中，一是会为了求稳而发生政策左右摇摆，甚至退步；二是对于地方多元创新力量的发挥重视不足。

第三，全球文化100强企业中，30%左右为中国产业以及金融资本控股或相对控股。一旦成为第二大文化影响力的国家，意味着在资本上、产业供应链上已经深度与世界的文化产业与资本融合。你中有我，我中有你。

第四，20%的就业人口从事广义的文化创意及娱乐体育产业。

该目标是合理的。充分考虑"牡丹代际消费"因子，考虑智能娱乐机器人、科学与教育等产业链条，则文化产业占到GDP的20%完全可能。如果进一步考虑到里夫金提出的在互联网条件下"第三部门"的"零边际成本"的社会生产与消费，则文化部门的就业应该可以达到30%。①

这个数据仍然低于佛罗里达教授测算的美国创意阶层达到35%的水平。表明中国的制造业（无论是传统的还是智能化的）的规模还应该远远大于美国，仍然承担部分"世界工厂"的责任，中国其他的服务业如养老医疗健康保健等仍有空间吸纳就业人口。

在文化公益事业发展方面，2049愿景提出了两个目标。

第一，国民积极参与文化生活，全国范围内实现文化公共产品服务体系均衡化。如果社会主流能够坚持、践行社会主义价值观，该目标的达到毋庸置疑，而且在公共产品覆盖方面超过法国的水平，远远领先区域/地区贫富悬殊极大、无望改变的资本主义美国。

第二，产生500家有品牌声望的社会性公益基金（平均拥有100亿元本金）。这个目标的设定其实不高，应该只是达到2019—2020年美国基金会的规模水平。②

在文化战略体系和管理体制建设方面，2049的愿景也包括两个目标。

第一，国家—地方—社会文化"圆柔型治理"、自治型的法治化框架运转成型，

---

① 里夫金，《零边际成本社会》，中信出版社，2014年版。
② 2008年美国捐赠总数为3076亿美元，占当年GDP的2.2%；公益基金会总数7.5万家，总资产为6150亿美元，基金会的公益总支出为410亿~430亿美元，占当年全部捐赠的13%~15%。数据来源：甘东宇，美国基金会与"新公益"思潮，《中国非营利评论》，第6卷，285-286页。我们根据2008年基金会本金的数字，推算出2019年的美国公益基金会本金金额为9600亿美元。

体系上足以和美国文化战略体系相比，体系自身包括强大正向力量循化机制的核心竞争力，如依法自治的协调，协商民主，市场—社会公益—政府的"三轮驱动"（见图6-12）。

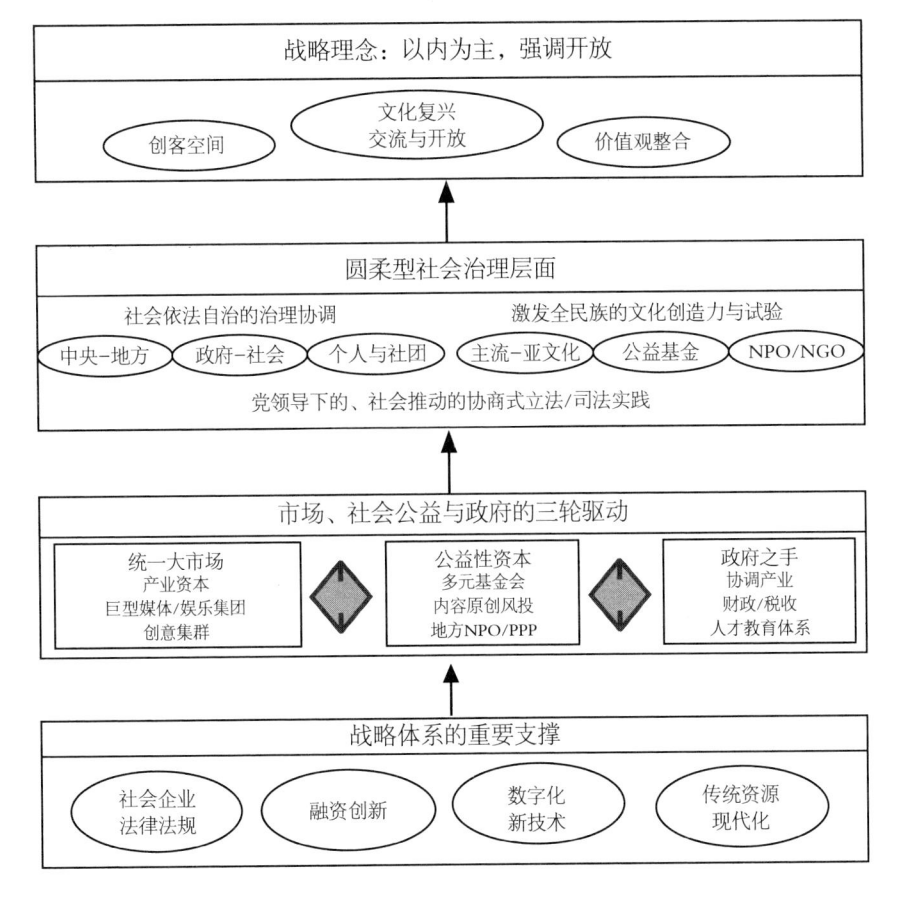

图6-12　2049文化战略体系框架、核心竞争力与支撑基础

第二，软实力方面：形成全球新文明话语体系，这个目标应该是文化复兴的结果。

"中国应当对于人类有较大的贡献"（毛泽东语），当前中国已经是维护世界和平和多极化政治中一支关键力量，正在努力打造海上与路上丝绸之路，促进亚洲共同体形成和促进欧亚大陆的互联互通。"一带一路"既是经济工程，也是文化和政治工程，这也是对人类贡献的重要一步。

中国传统文化精神的传承与复兴，要导入、消化、融合人类社会其他文明的优秀理念，创新出一种能够利用资本主义市场生产力的、包容的、分享型社会主义价值观体系；要与新文化传播元素融合，通过文化创意技术得到传播，不仅发挥凝聚社会的内在融合力，也成为软实力基础。

一个成功复兴的中国文化模式将对全世界具有吸引力，尤其是中国文明的历史显示她是一个包容型文化。"地区性主权国家是一种并不合适的体制。它有发动战争的能力，却不能够提供和平。""如果中国人……成功地从错误的（朝代更替）循环中解脱出来，那他们就完成了一项伟业……对处在深浅莫测的人类历史长河关键阶段的全人类来说，都是一项伟业。"《人类与大地母亲》一书的作者、英国历史学家汤因比在1973年就发出了这样的期待，期待中国文化复兴之后，能够发挥独特的基于"天下一家"政治治理、宗教治理框架的跨文明融合力。我们有理由乐观地说，中国文化的现代复兴将为人类家园—世界命运共同体的建设提供关键贡献。

参考文献

［1］甘东宇.美国基金会与"新公益"思潮［J］.中国非营利评论，2010，6（2）：85-286.

［2］瑞·库兹威尔.奇点临近［M］.（中文版）.北京：机械工业出版社，2015.

［3］乔根·兰德斯.2052-未来四十年的中国与世界［M］.北京：译林出版社，2013.

［4］吉里米·里夫金.零边际成本社会［M］.北京：中信出版社，2014.

［5］弗雷德里克·马特尔.论美国的文化［M］.北京：商务印书馆，2013.

［6］祁述裕.按公众意愿提供公共文化产品［N］.北京日报，2015-3-9.

［7］钱为家.社会创新与战略公益——强化中国非公募机会运营优势的战略思考［J］.中国非营利评论，2010，6（2）：287.

第七章

2025战略的发展路径与实施保障

尽管上一章对于未来35年的目标/愿景做了三个阶段的描述与部分可行性论证，我们还必须看到，中国在推进文化战略目标与体制转型过程中，与20世纪50年代初期美国、法国的差别。

在当时，这两个国家已经完成了工业化和"社会基础设施"的现代化，这些"基础设施"包括教育体系、市场条件下的法律体系、社会组织自组织规范预计冲突协调、公民参加政治议程保障等。两个国家虽然意识形态有差别，但是并没有受到外部太多的挑战与压力，两国的意识形态理论与社会治理的实践已经有相当的磨合积累、战后政府的合法性很高，统治阶级可以从容地处理内外部反对派/异议者的不同声音与社会抗议危机，可以给予较大的妥协①，甚至把这种妥协作为社会下一轮治理创新的机会。

今天的中国除了GDP还不高（人均7000~8000美元）、在上述几个"社会基础设施"的投入实力很不够之外，还面临着外部不同意识形态的巨大压力，在多元化现实中如何实现主流意识形态文化治理方面缺乏经验。

因为2025中长期发展目标是不可能一蹴而就的。我们需要思考资源优化、加大动

---

① 按照葛兰西的理论，统治阶级的"文化治理战略"是基于主流价值观和社会多元化价值现实的某种妥协、让步的策略。

力和及时排除阻力的策略问题。本章将针对目前到2025年间文化战略的实施路径策略提出若干思考。战略路径可以理解为达到目标阻力最小化/长期动力最大化的策略设计与抓手，同时是对于发展和改革有限资源的一种优先级配置的设计。很多看上去不无正确的规划之所以落空，往往是因为对于阻力、动力与资源三者关系考虑得不够。

一、文化2025战略发展路径思考

最大的资源优化是发挥市场机制与手段的积极作用和有条件的主导作用，在全国建立统一的市场平台与规则，激活市场主体的动力。此外，获取跨越发展力的另外两条路径是大力推进文化创意与互联网技术的深度融合，大力推进文化创意与文化公益、金融创新、互联网金融的融合。任何时候，都要注重产业人才的培养环境、发挥人才的活力，这是核心动力之一。在改革措施的优先级配置上，要承认"三元结构"的现实，制订差异化的区域产业发展策略。

（一）全国统一的"现代文化市场"平台打造

发展全国统一的文化创意产业大市场取决于以下五个重要因素推动（见图7-1），但核心是政府角色转型、专业化资本扩张与互联网技术突破这三个驱动要素。

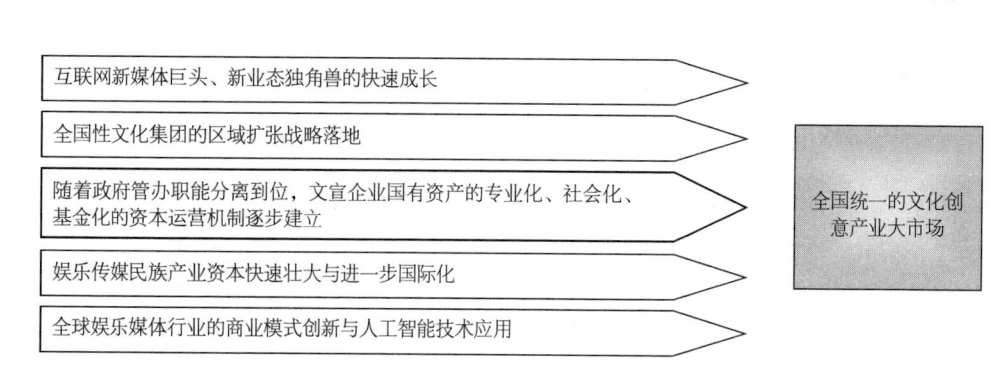

五个重要因素	
互联网新媒体巨头、新业态独角兽的快速成长	
全国性文化集团的区域扩张战略落地	
随着政府管办职能分离到位，文宣企业国有资产的专业化、社会化、基金化的资本运营机制逐步建立	全国统一的文化创意产业大市场
娱乐传媒民族产业资本快速壮大与进一步国际化	
全球娱乐媒体行业的商业模式创新与人工智能技术应用	

图7-1 推动全国统一的文化创意产业大市场的五个重要因素

全国统一市场中有以下多类型的市场化主体。

- 民营大型企业集团，如万达、宋城、中坤集团。
- BAT旗下文化板块，抖音/头条、快手、爱奇艺、B站等独角兽企业。
- 国有文化企业通过管办分离、转型、混改发展为跨地域的巨型文化媒体集团如华侨城、新华书店、歌华有线等，保留一定的公益性、政策性的功能。
- 文化事业法人单位的市场化转型，但保留公益性的治理结构，有特殊的理事会/董事会章程和法人章程，保证党的文化宣传方针落地。
- NGO/民非企业转型为专业化、竞争型的社会企业（Social Enterprise）。
- 公益基金与研究智库。

极端的看法是互联网巨头将成为统一市场整合的先锋和产业资本的主力军。腾讯、阿里巴巴等互联网企业的文化产业板块布局延伸到线下，与互联网板块结合的创意产业将构成文化资本的主要部分，而其他传统文化产业投入将没有太大市场价值。我们不太赞同这一观点。因为传统的、多样化的文化资源与文化传统恰恰是内容原创的创新能力基础，只有原创能力才能够保持产业资本的价值提升。对应内容原创部分的无形资产的市场价值却很难评估，整个国内文化资本的体系价值是通过源源不断艺术内容原创能力的提升得到维持与扩张的。"

"现代文化市场体系"建设除了激活市场上创造价值、提供服务的多元主体之外，它的有效运营是需要一系列法律手段来调控与协调的（后面战略保障手段一节将论述），以实现政府减少行政审批、公平运行规则、市场准入更加宽松、要素合理流动、有国际开放度等制度要求。

（二）大力推进文化创意发展与移动互联网技术的深入融合

在第五章，我们指出移动互联网和人工智能的发展是未来20~30年文化娱乐产业洗牌的最大机会。图7-2给出了最重要的文化竞争巨头的行业地位态势和发展趋势，可以看到在文化产品生产链条上基本不介入渠道的索尼文化内容业务①发展速度缓慢，而且也在丢失市场份额。

迪士尼除了强大的品牌内容资源（影视生产＋全球迪士尼乐园服务）和大量版权推广资源之外，同时也拥有电视网络渠道（Disney+）、互联网新媒体资源，稳定现金收入和市场份额，成为好莱坞六大影视公司中市值最高的一家，达到 1400 亿美元。但被投资人更加看好的、反映未来文化消费和技术趋势的市场明星是跨界的互联网平台公司、游戏（平台）公司。近年来，苹果（基于 Apple iTV 机顶盒与音乐视听资源库）、亚马逊（基于 Kindle、网络电视 Fire TV Sticker 和云服务平台）都进入了娱乐领域，2019 年亚马逊市值达到 8000 亿美元水平；苹果市值超过万亿美元，因为苹果手机不单单是手机，更是个人文化娱乐的入口门户。

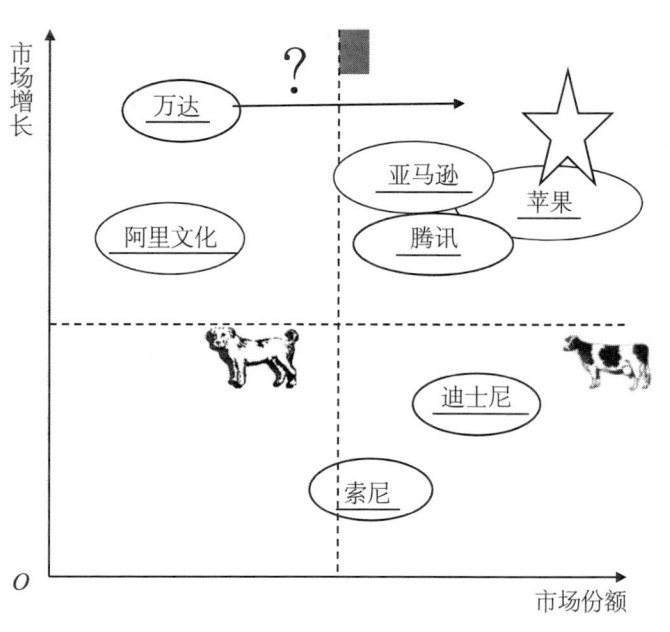

图7-2 中美巨型文化公司地位分析

注重社交媒体的腾讯公司市值目前是在 4000 亿美元上下。经过多年发展，腾讯娱乐逐渐形成了游戏、影业、电竞、文学（阅文集团）和动漫五大字板块。除了自我孵化培植，投资并购是主要的扩展方式。无论是哔哩哔哩，还是快手或是斗鱼直播等行业翘楚，都是腾讯"泛文娱"投资版图的重要部分。阿里娱乐板块业务这几年的发展仍然遭受市场质疑、管理团队始终在重组中。万达文化板块这些年是一匹"黑马"，2018 年的收入也超过 600 亿元（线下的影视业务，体育赛事，主题公园），

---

① 索尼文化内容生产与影视生产的总部在美国，基本上是独立运营，可以看作是美国公司。任天堂游戏机决策总部在日本。

加入"明星一族",但是收益潜力的爆发也还有待与数字新技术的深入融合。

中国文化企业并没有传统意义的内容品牌原创资源的优势,有的是全球最大的移动互联网应用群体优势,有全球最大动漫和游戏的创客群体的优势,有全球数量最多的中大型新城市集群发展／城乡一体化过程中对于文化消费的巨大需求优势与O2O商机,因此,只有在和互联网技术多层次的深度融合中,才能发掘这些独特优势带来的业务与模式创新机会,实现跨越式发展。

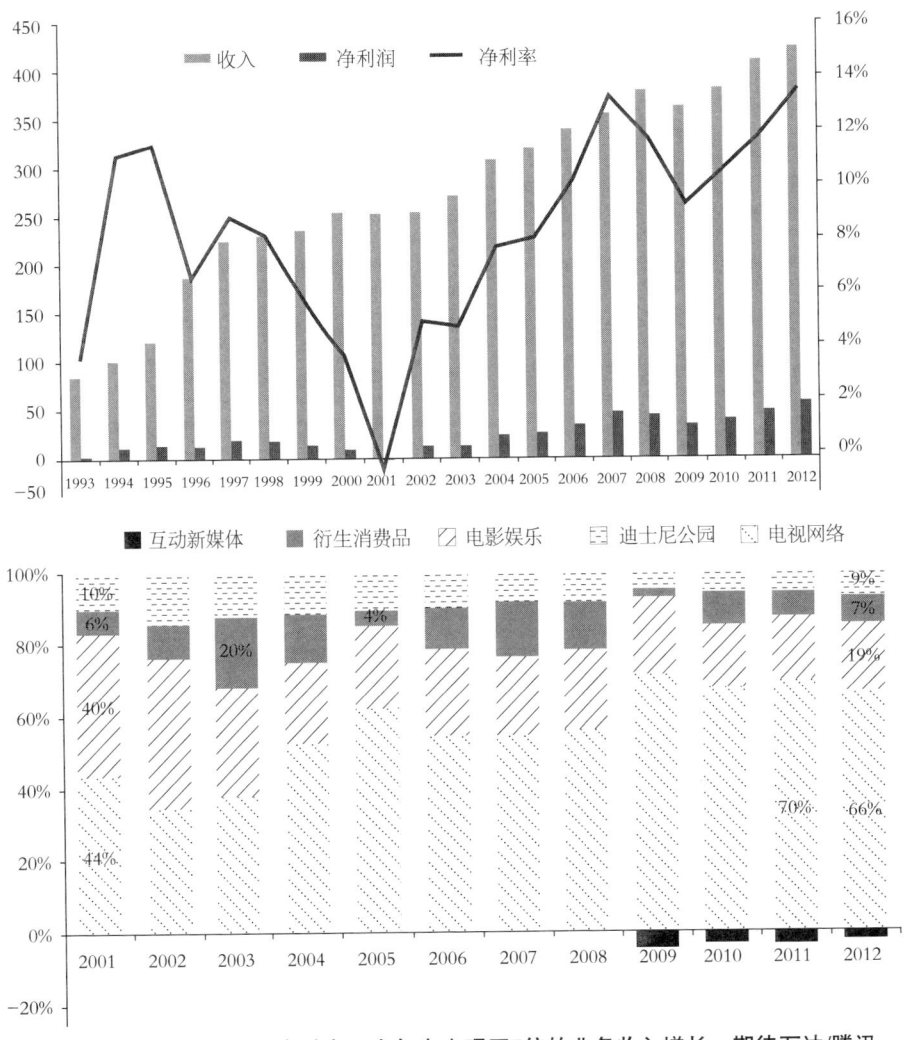

图7-3 百年老店迪士尼在过去二十年中实现了5倍的业务收入增长,期待万达/腾讯代表的年轻娱乐巨头未来用15倍的成长打破这个纪录

（三）大力推进文化创意与文化公益、金融创新、互联网金融的融合

对应每年 2 万亿元左右的产业投资，IPO、信托和私募基金投资合计不到 400 亿元，银行间债券 500 亿～600 亿元，其余 1.9 万亿元则主要是银行短期抵押贷款。这样的融资体系对于产业发展很不利，一是出现短贷长投的资金错配，二是过高比例的间接融资池子的资金使用效率会低。未来十年是推进文化产业与金融业全面对接，建立多元化、多层次文化产业投融资体系的十年。具体包括以下几个方面。

· 鼓励各类金融机构创新金融产品，鼓励文化信贷产品融资、版权评估与交易平台设计等安排；加大基于版权保护制度的完片担保、版权预售、夹层资本等金融衍生品配套创新试点与政策完善。

· 成立服务文化创意领域的政策性银行，或设计委托商业银行承办政策性贷款业务的架构，培养专业人才和产品经理，大力发展中长期贷款品种，提升中长期贷款占融资的比例。

· 积极鼓励与引导产业基金，并购基金的股权投资，出口通过多层次、境内外的资本市场，如新三板、创业板、沪市在酝酿中的新兴战略板块等。

· 借力文化 PPP，充分发挥地方政府的投资引导作用，鼓励引导各类社会资本投入文化产业，培育文化公共服务领域跨地域的战略投资者。

· 探索互联网金融创新，利用股权众筹平台实现规模化、跨地域空间的公益项目资金募集与专业资源的外包，便利文化社会企业的天使投资、股权众筹。

（四）拓宽创意人才要素的供给渠道。不拘一格、多层次、多元化打造人才链条

· 注重产业链上游的高端艺术创作人才培养。从中学就开始加大艺术、文化创意课程的比例，加入数字媒体、媒体社会学选修课程；在大学学习阶段，鼓励学生们

参加各种竞赛和创意工作坊活动，参加大学和研究所教授、国家文化艺术机构的文化工作者、著名艺术家领衔的独立工作室等，是竞赛作品评选的主要参与者，通过公平、民主方式来发现人才。该人才选拔体系得到国家级别专项基金的持续支持。

・对于产学研结合方式给予持续补贴，加强对创意专业学生和职业人群的实用性、针对性培养课程的开发，加强学校和企业的联动，尤其是对于教师技能的不断再训练、再认证。

・营造非政治化的、宽松的创作环境，多元化价值的思想市场环境，对实验性的文化产品和项目，充分允许试错，鼓励大量跨界创意人才脱颖而出。

・吸引国际创意产业企业家、文化社会企业的创业者、公益基金的组织者在中国发展他们的事业。

・鼓励大型文化原创与高科技企业设立全球性的创意创新研发中心，与国际知名的大学和独立研究机构合作，利用海外的优秀人才资源。

（五）制定差异化的、"三元互动"分工互补、侧重不同创新的区域文化发展策略

在文化供给与消费水平、公共产品资源分配方面实际存在的"三元结构"，是实现2025战略目标的一个重大挑战。应对不平衡的区域社会经济发展现实，我们需要运用多样性的产业组织体制思路（基于政府—市场—社会第三部门"三轮驱动"的不同组合）来推动产业结构的不断升级、转型、国际化竞争，划分为核心区域、重点区域、再均衡区域三大类别，制订差异化的文化产业发展策略。

核心区域为东部沿海城市，尤其是长三角、珠三角和首都经济圈的核心龙头城市。产业链分工与体制改革任务的侧重是：参与世界产业高端竞争、世界级人才资源、金融资源的争夺，打造国际型的战略型巨头；成为精品内容原创、主流价值观的人性化、内在化、艺术化、故事化的"生产基地"、国内文化消费流行概念生产与实验的"高地"，在目标内容创意生产和市场化IP转化这两端，分别要有很强的实体来参加，产业资本、BAT为IP转化传播一端，以及混改的、专业化文化国有企业

作为文创"第三部门"、院校技术基地、城市的国际创意孵化基地和大型公益文化基金会作为优秀原创的另一端。可以看出,在核心区域,市场机制是发挥有条件的积极作用的。

为了争夺人才与金融资源,核心区域在体制上率先创新试点,试点包括文化教育艺术自贸区、"WTO人才特区"、文化艺术品金融自由贸易区等。核心区域在文化社会自治、产业自主发展、政府部门转型管理体制上,可以率先试点。

重点区域为东部的非核心城市区域、广大中部和东北地区。产业链发展分工的侧重点是:促进创意产业与实体经济产业升级转型、创新创业、服务性生产业发展的国民经济大循环结合,推动国内文化创意概念流行消费的梯级空间转移。因为精品内容的原创与价值观转化不是重点,在这个极其广大的重点区域,可以充分发挥市场机制的主导性作用、以依托产业资本和巨型战略型集团企业思路为主,发展推动融合、推动文化市场形成、推动文化企业主体的转型,创造国内市场更大的消费空间。

在建设公共文化服务体系上,主要是采取政府购买服务、PPP模式,推动社会资本、社会组织和社会企业进入公共服务市场。发展社会组织和社会企业是该区域产业体制创新的重点。

再均衡区域为中西部以及少数民族聚集度高的广大地区。特点是文化与经济社会发展失衡严重、文化旅游环境开发有失衡风险(比如经常被专家和媒体批评的村落中文化遗迹古建筑群的"保护性破坏"行为[①]),市场力量不发达、不成熟、短期行为严重。这里的产业发展重点是,通过创意创业园区环境打造,带动巨型文化企业/高校/本地产业产客人才聚集、产业集群;带动传统文化产业的数字化转型;推动绿色文化产业、低碳文化产业目标;产业经济发展与多元文化并存、繁荣少数民族文化艺术、保护珍贵文化遗产(包括宗教遗产)的目标相均衡。

因为这里缺乏市场化组织力量、缺乏"第三部门"的组织力量,应该建立"文

---

① 见"遗产保护,让共享观念内化于心",人民日报,2015年6月18日,17页。

化支边""文化治穷"的支援体系，采用"政府对口协调＋品牌社会组织参与"的策略，一律由政府买单，从核心区域、重点区域，以及西部发展较好的文化重镇（西安、成都等）选拔与组合项目团队，阶段性地、针对性地开展帮扶工作，以及本地组织型人才培养的工作。此外，中西部的旅游资源丰富，但通常开发层级较低①，开发的生态、社会风险较大，需要由国内产业资本结合国内外的知名旅游产业集团合作开发。

西部的宗教文化资源丰富，应该选择多民族聚集与交流和谐的城市，设立若干个"一带一路"文化发展基地/试验区/自贸区，大力发展关于宗教文明对话与交流的智库学术研究，邀请在"一带一路"沿线不同宗教背景国家的文化企业入驻基地与园区，形成独特的多元化价值观的碰撞、不同背景人才交流的环境。这里的实践，可以弥补我国大部分地区以汉文化为主，多元性较差、包容与创新不够的短板。印度、印度尼西亚、美国社会的多元化，将是他们在文化产业的重要竞争力来源。未来，最好在我国西部地区与阿富汗、巴基斯坦接壤地带，能够采用当年沿海四个特区城市开放政策的力度，打造出一个多元宗教文化和谐共处的特区新城，作为一个支持"一带一路"的国内前哨基地。

二、2025战略实施的保障

2025之路的实施保障可以归纳为关于管理体制转型改革的三大支柱与决策者和研究者关于文化治理理念的彻底变革。

（一）战略实施保障支柱一：形成"'一臂之隔'＋行业自组织"的间接管理模式

从目前政府领导下群龙治水、多部委管理体制，转变到由政府协调下，通过代

---

① 四川的九寨沟属于开发与保护成功的案例。

表社会意志的、专业的、独立的行业管理机构（类似红十字会）为主的自治式管理。在"一臂之隔"、行业自治特点的治理体制下，政府将真正从日常事务管理中摆脱出来，政府序列的文化管理部门一部分职责将并入产业自治主体的代表，其他职责将转型并入政策性基金、国有文化独资控股集团。党委组织部/宣传部/国资委的人事任命和党管干部的流程不变。

这个产业自治主体代表的名称可以是"文化创意企业与文化社团协会全国联合总会"，是产业界诉求的最高唯一代表，我们简称它为"全国文创联"。

"全国文创联"在2016~2020年第一阶段任务主要是落实全面依法治国要求，积极推动、参与国家最高层面的立法规划、试点意见，解决改革无法可依问题，同时做好行业自律的各项基础准备工作，与政府有关部门研究多头管理的各项权责如何切割、人财物的移交、协商流程等具体方案。其他管理职责见图7-4。

产业自治领域的最高代表机构	国家产业扶持投入政策
文化创意企业/社团协会全国联合总会是产业诉求的最高唯一代表。其领导机构组成体现广泛代表性和专业性。其理事会由行政部门代表、知名文化社团协会法人代表、社会人士和法律专家代表等组成。其工作机构广纳贤才，吸收艺术、创意产业管理、经济、法律、国际谈判等领域全球优秀人才加入。运作接受公开审计和监督。 行业自治任务包括： ·推动与协调制定行业规则、立法 ·宣传、督促成员遵守行业规则与国家法律/政策、组织培训 ·提交促进行业发展的立法建议 ·积极参与国家、地方层面关于文化事业/产业/版权立法的咨询过程 ·作为NGO参与国际贸易谈判中涉及文化产业工作，发出中国民间声音 ·行业智库的组织	·设立非营利的中华文化振兴基金会，重点支持艺术与内容创意人才培养、选拔、深造、国际交流项目，以及其他重大文化项目。每年从彩票公益金中安排一定资金、接受民间赞助 ·设立政策性的文化产业引导母基金，吸引社会资金 ·制定《社会组织NPO促进法》 ·制定税收政策引导有实力的知名企业和个人投资文化公益事业与基金会，赞助公益项目 ·试点央企有一定比例留成利润用于定向捐赠或组建文化公益基金的办法 ·制定公共文化设施标准以及PPP共建的规范 ·鼓励各类教育机构与协会、企业的深度合作，探索创意产业人才培养新道路 ·服务贸易谈判中坚持"文化例外"的合理保护立场

图7-4 "全国文创联"的其他管理职责

世界各国的实践都证明：政府部门直接干预文化事务，一是公众反感权力，往往起到负面的激化对立作用；二是因为政府机构代表专业性不够，很难处理文化艺术领域千变万化事物的对错标准；三是公权力一旦经常纠错改错，机会成本也比较高。而"假手"（"一臂之隔"）行业自律主体，处置的灵活性要强很多，专业权威高，地位平等不压人，也更方便采用法律途径来裁判与协调，避免了政府的被动。在"一臂之隔"的管理方法下，国家的代表进入"全国文创联"的理事会，政府通过公益基金会（不是财政直接拨款）运营基金方式和批准会费缴纳、服务收费项目等，支持"全国文创联"的独立财务预算，仍然有很大的话语权，但不必走在一线。同时，政府部门与"全国文创联"共同工作，继续推动方方面面的产业扶持与投入政策的落地。

（二）战略实施保障支柱二：促进非营利社会组织NPO和文创类社会企业发展

大力发展文化创意社会企业、文化事业社会组织NPO是市场化条件下发展"第三部门"顶层设计的需要。

从阿特洛的"可持续性发展光谱图"分析来看，"社会企业"的概念是两个不同方向实践走到中间点的结合（见图7-5）：源自公益事业的专业化发展可持续要求，同时也是商业资本发展到高级阶段对企业与生态的关系、企业认识所负社会责任后一种自发可持续要求。一部分过去的慈善资本开始演化为社会型的、"第三部门"资本，开创资本2.0版本[①]。结合中国国情，功能性的国有企业是具备强社会责任特点的，因此可以被视为广义的"社会企业"。在文化领域，经营性文化事业单位法人自然也属于"社会企业"。

[①] 比索普，格林：《慈善资本主义——富人在如何拯救世界》，中译本，社会科学文献出版社，2011年版。

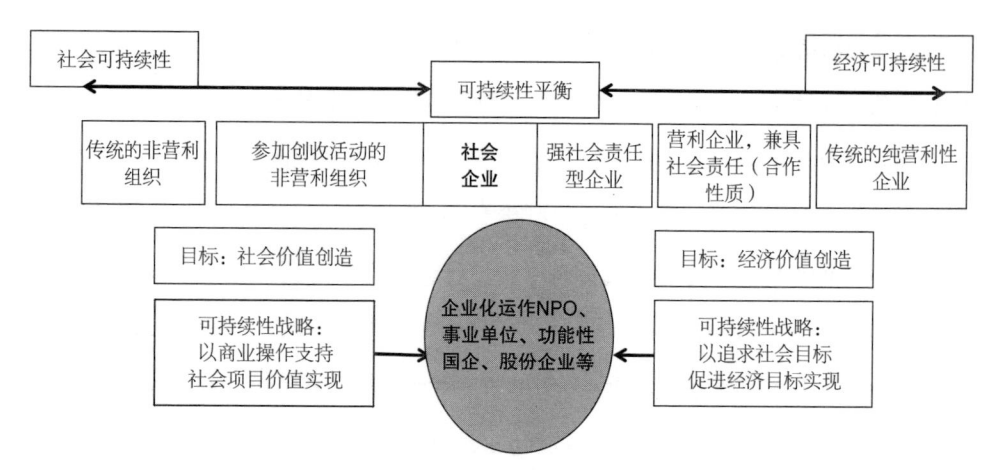

```
┌─────────────┐                                    ┌─────────────┐
│ 社会可持续性 │ ←――――――― 可持续性平衡 ―――――――→ │ 经济可持续性 │
└─────────────┘                                    └─────────────┘
```

| 传统的非营利组织 | 参加创收活动的非营利组织 | 社会企业 | 强社会责任型企业 | 营利企业，兼具社会责任（合作性质） | 传统的纯营利性企业 |

目标：社会价值创造　　　　　　　　　　　　　目标：经济价值创造

可持续性战略：以商业操作支持社会项目价值实现　→　企业化运作NPO、事业单位、功能性国企、股份企业等　←　可持续性战略：以追求社会目标促进经济目标实现

社会企业定义宽泛可以包括功能性的国有企业、股份公司

资料来源：光谱图来自金·阿特洛的"Social Enterprise Typology"－引自王名、朱晓红《社会企业论纲》，2010

图7-5　基于"可持续性发展光谱"对于社会企业的定位比较

在"第三部门"顶层设计中之所以要大力强调社会企业，这是因为所谓民非单位，非经营性文化事业单位目前定位，通常是在接受企业捐款或财政拨款补贴的前提下，在完成预定公益性服务中实现简单创收的被动模式。这种模式下，民非和事业单位很难招募到职业化、开拓性强、可以整合调动市场资源的专业性人才，更吸引不到善于创新解决问题、扩大公益事业经营范围的社会企业家，长久下去，公益事业的服务是不可持续的。从图7-6可以看到一组数据对比。2012年我国的文化NPO总数9万多个机构（包括事业法人），雇用177万名艺术家，而2007年美国是4万多NPO机构、雇用130万名左右艺术家。我国NPO机构平均收入估算为100万美元，美国是335万美元，平均的经营效率是中国机构的三倍，和他们在NPO中聘用不少职业经理人有关。

作为社会组织NPO的民非、事业单位，我们的主张是尽量从事业创收的维持模式朝向主动经营发展的企业化模式转型，成为公益性社会资本的一部分，通过社会企业家与职业经理人的加入，具备商业模式和稳定现金流，吸引更多社会资本基金的进入，形成更专业的公益服务、公共产品供给机制，更好地成为对接商业企业和政府部门PPP项目的桥梁。

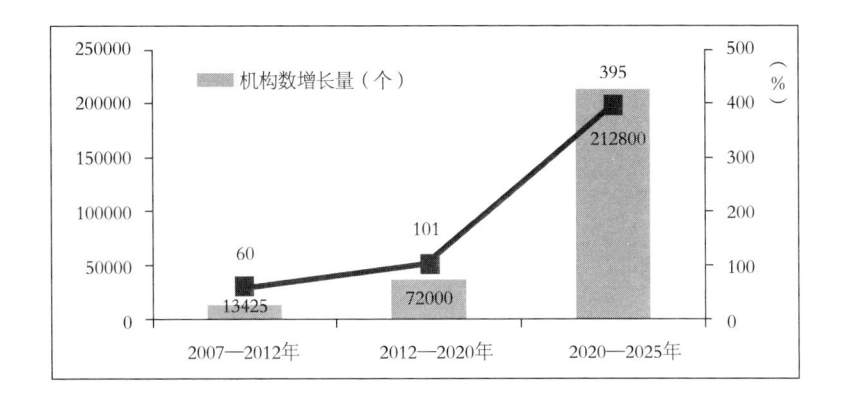

图7-6　2020—2025年NPO社会文化组织新增加数量超过20万个

我国2011年年底正式在册NPO规模46.2万个，其中民非20多万个，民非中教育占到一半。但我国大量社会组织并没有注册和法人认证，约300多万个。合法化1/3就可以达到100万个，新增20万~30万个的文化NPO（见图7-6）应该没有多少困难，但是如果没有合适的职业化公益人士参与，NPO可能会出现过度市场化、经营目标异化或者不可持续等风险，推动NPO转型为社会企业势在必行。

作为"第三部门"核心力量的NPO在日本过去15年的发展成绩、教训与经验完全可以为我们借鉴。[1] 日本在经济高速发展阶段是一个政府管制很严的时期，社会组织发展没有提到日程上来。20世纪90年代初，时任东京大学校长的佐佐木毅教授、公共哲学研究所所长金泰昌教授、将来世代财团理事会（基金会）理事长矢琦胜彦等召集不同领域的学者提出"新公共性论"，强调公共性实践是建立在个体志愿的基础上，实现由"灭私奉公"到"活私开公"的转变[2]。在1995年阪神大地震后，政府包办社会事业的弊端暴露无遗，为1998年日本议会通过《特定非营利活动法-NPO法》开辟了道路。NPO法的特点，一是最大限度地限制政府干涉NPO法

---

[1] 俞祖成：《日本"新公共性"指向的NPO政策体系分析》，中国非营利评论（第八卷），2011年版。
[2] 这批日本学者批评西方公私一元论、克服二元论，提出相关性三元论，构建新的公共性。关于哈贝马斯通过"三元模式公共领域理论"，在自由民主主义基本框架内植入共和主义的人民主权原则的论述，见杨仁忠《公共领域论》，人民出版社，2009年版。

人的设立及其日常运作（采用认证制，自我管理方式）。二是彻底信息公开制度强化社会有效监督，提升 NPO 法人社会信用度、捐款使用透明度。

但在 NPO 发展的实践中，特别是地方政府的参与角色太弱，一直缺少配套措施与政策支持。2009 年 9 月，民主党组阁之后立即召开全国"新公共"推进会议与社会责任圆桌会议，为期 4 个月的圆桌会议涉及议事事项包括：NPO 法人的认定制度放宽修订、NPO 法人税制改革（降低固定资产税）、资助 NPO 发展的小额融资、建立 NPO 银行承担小额社会事业的金融业务、市民公益税制改革（修订捐赠税制）[1]、社会事业法人（社会企业法人）草案、社会革新（Social Innovation）特区的设置等。6 月份，会议向全国发表《"新公共"宣言》，明确提出"新公共"目标是实现社会的高度和谐并促进日本经济的"新成长"，重新修正国家与公民的关系、实现国民主导下的自治；明确政府角色：将原由政府垄断的"公共"事业转变为向全社会彻底开放的"新公共"。在政策建议方面，重新构建政府与市民的关系，制定 PPP 类型市民政府合作协议、参与型公共事业项目定义与发包规则、公益人才与社会企业家的培养制度，创立政策特区等。

NPO 法的实施与终结了日本长达 100 余年的公益规制冰河期，打破政府长期主导公益慈善事业的"大一统"局面。从 NPO 法实施之日的 1998 年 12 月 1 日起截至 2013 年 7 月 31 日，NPO 法人认证受理总数为 49929 件，法人认证总数为 47973 个团体，未通过法人认证数目仅 761 个团体，其认证率高达 96.08%[2]。教育 NPO 相关占比例 46%，城镇及文化建设 NPO 为 40.8%，环保方面 28.5%。

同样作为东亚文化背景的国家，日本在处理国家与公民、社会组织关系的国情方面与中国有许多相似的考虑。因此，建议政府部门应该参照日本立法的经验与法规修改的过程，在尽快修改完善《社团登记管理条例》《基金会管理条例》《民办非

---

[1] 2011 年的 311 东日本大地震有力促进了《NPO 法》关于税法部分的修改，个人的捐赠抵扣税收部分从 10% 提高到 50%，审定 NPO 是否获得免税捐赠资格的权力从国税部门下放到地方部门，此前获得测试 test 的通过比例极低。

[2] 俞祖成：《日本 NPO 法人的监督体制及其启示》，《中国社会组织》，2013 年版。

企业单位登记管理暂行条例》的基础上,抓紧与人大协调,启动制定《中国社会组织 NPO 法》。在法律制定较长的咨询期间,政府可以鼓励有条件的地方,如上面定义的文化产业核心区域的中心城市,先试行出台地方性法规,对与社会组织相关各类规范性文件和法规进行全面清理及必要的废除与修改。最迟应该在 2025 年通过《中国社会组织 NPO 法》,形成国家新治理结构的最为重要部分。

美国 2007 年公益基金、社会捐赠、政府补贴支持的文化公益"第三部门"效益、规模和演出数量(与中国 2012 年比较)(见图 7-7)。

	2007 美国	2012 中国	比例倍数
产业增加值(万亿美元)	15200	3225	471
占GDD比例	11.50%	3.48%	303
创意产业贡献总就业(万人)	1200	1000	120
占总就业比例	8.50%		
人均增加值(万美元)	12.7	3.5	357
创意产业总机构数量(营利+非营利)	**580000**	**698000**	**83**
其中非营利法人单位	40000	91000	44
其中基金会数量	2250	182	1236
机构平均收入(万美元)	335	100	335
非营利文化机构总支出(亿美元)	**1340**	**600/45.5**	**223**
非营利部门就业艺术家(万人)	**130**	**177**	**73**
非营利专业剧院数量	1274	1966	65
每年制作产品(新剧目/曲目)	4787		
演出数量(万次)	8.2	35	23
社区剧院演出数量(万次/每年)	105	146	72
表演艺术家(万人)	21	30	70
表演收入(亿美元)	213	55.2	**386**
交响乐团数量	1800		
博物馆数量	17500		

数据来源:《2013 年中国文化及相关产业统计年鉴》《论美国文化》。

图7-7 美国2007年公益基金、社会捐赠、政府补贴支持的文化公益"第三部门"效益、规模和演出数量(与中国2012年比较)

(三)战略实施保障支柱三:全面推动依法治理要求的分步到位

进一步加强法治建设,健全文化市场法规体系,完善文化市场运行的基本规则。第一,针对文化统一市场的规范运行,在市场准入、平等竞争、国有文资企业混改、政府管办分离后如何执行"党管干部"和管好导向的要求等。第二，针对"第三部门"的运营，在设立"全国文创联"相关行业自律规范、全国性文化公益性投资基金与扶持基金设立与运营、社会企业身份的认定与税收优惠、捐赠减免条件与额度等方面，加快、分步完成相应的法律法规修改与重新制定。

在司法实施上：类似知识产权法院的设立，应该就文化事务中媒体尺度与风俗道德观争议设立专业化水准较高的、跨区域的人民法院，减少政府部门的直接干预，引导社会舆论和媒体尺度，树立抵制低俗、净化市场的行为自律、法治政府的标杆。

最后是围绕改革试点的推进，制定相关单项法律法规，为文化特区、人才特区、文化资产与艺术品交易市场等创新试点提供规范环境。

（四）决策者和研究者关于文化治理理念与改革逻辑观念的彻底转变

本项研究的核心逻辑是根据国情、战略目标和产业规律的需要，来合理设计政府、市场、"第三部门"/公民的角色与作用，发挥社会效益与市场效率的两种积极性。

国家整个经济体制是要充分发挥市场在资源配置中的"决定性作用"，但在文化市场建设领域，考虑到文化的公共产品与意识形态属性，市场只能够有条件地发挥"基础性"和"积极性"作用。这样，似乎给服务型政府资源配置角色留下较大的空间。我们的观点是，吸取过去的教训，我们应该真正相信群众、相信公民的社会自组织能力，把文化的事业交还群众自己，托付给"第三部门"。把文化人从政治官僚体制中解放出来，社会和政府通过法律的手段与流程，监督那些更为专业的、更加理想主义的社会公益性组织/第三部门/社会企业来完成资源配置与公共产品服务目标。

中国有自己的体制优势，只要坚持社会主义价值观信仰，在社会文化治理体制方面完成理念转变是做得到的。

三、关于 2025 国家级重大文化工程的设想建议

建立国家文化事业振兴基金的体系。在国家层面，成立最高级别的文化振兴公益基金；同时，鼓励各民主党派、社团成立不同侧重的文化公益基金会；鼓励部分海外发展的中央国有企业，参与设立"一带一路"相关的特色文化公益基金。

打造文化硅谷。选择上海和深圳为试验区域，下放权限，成立相关产业基金，采用 PPP 模式整合现有公共资源，开放文化艺术教育，文化科技融合，版权与艺术品交易市场，文化资产评估鉴定与标准，质押与担保，版权内容经营，金融产品创新等领域。

成立社会资本参与的电影艺术教育基金会。结合中国电影制作与教学的优秀资源，与美国、法国的相关院校搭建长期合作平台，办好北京电影学院、上海电影学院、香港（深圳）电影学院，启动电影制作人才培养工程，在编剧、导演、制片、后期制作、动画数字化技术等方面，缩小与国际一流的差距。国家电影专项发展专项资金应该对于在专业人才培养做出突出贡献的机构与个人，制定奖励政策。

实施国民文化教育的中华文化史解释工程。对于先秦诸子新认识，对于汉代、唐代的辉煌思想与经济政治制度的新理解，要从中华文明对于"现代性"／人类普遍价值贡献角度、马克思主义中国化角度、宗教理念融合与信仰和谐发展的角度予以重新总结，同时，要包括对于各地博物馆展示的解说、大学／中学课本等，均需要做重大修改；推出配套的新编历史题材剧本与电影电视创作。

官助民办的梅花与牡丹文化基金，打造国家文化基因标识和国际化推广标识体系工程。结合中国重新步入世界政治和经济舞台中心的历史时刻，以开放包容、融汇东西、贯穿古今的心态，以"梅花与牡丹"中华文化双基因模式为理论基础，提炼与传播传统文化的优秀基因，致力中华文化事业的复兴与现代化。以当代文化传播的多种形式，在全球范围内弘扬中华文化的现代积极精神，促进各主要文明之间

的沟通和深度理解，推进文明融合"大同梦"的实现。

成立国家"一带一路"文化发展基金。作为政策性专项引导资金，以项目扶持或奖励的方式，鼓励和支持重点文化企业和国际合作项目走出去；支持对"一带一路"沿线国家的文化历史与宗教思想现状的研究、出版；奖励为"一带一路"文化交流做出突出贡献的单位和个人。

围绕建设社会主义文化强国目标，2015—2025年文化发展十年规划的要求。

·社会主义核心价值体系建设不断有机推进；国家－市场－社会－公民互动自治的法治化治理框架建设任务基本完成，文化体制机制充满活力、富有效率，有力促进文化、教育与科学领域发展；

·国家投入与公益性社会资本合作，以PPP模式覆盖全社会的公共文化服务体系基本建立，城乡居民基本文化权益得到更好保障；

·现代文化产业体系和文化市场体系基本建立，文化产业成为最重要的国民经济支柱性产业；

·基于"第三部门"的文化内容创意创作孵化实验与商业化IP增值转化体系的协同合作不断完善，高素质文化创意人才队伍规模不断壮大；

·基于新一代移动互联网、云计算、大数据技术的文化传播体系更加完善；

·与我国经济社会发展水平和国际地位相匹配的媒体国际传播能力逐步形成；

·形成以民族文化为主体，吸收外来有益文化，推动中华文化走向世界的文化开放格局；

·全民族文明素质明显提高，国家文化软实力和国际竞争力显著提升。

参考文献

[1] 陈少峰. 在"十三五"文化创意产业展望主题研讨会议发言, 中国经济网文化产业频道报道[J]. 2014-12-23.

[2] 安东尼奥·葛兰西. 论文学[M]. 吕同六, 译. 北京：人民出版社 1983.

［3］国家统计局.中国文化及相关产业统计年鉴-2013［M］.北京：统计出版社，2014.

［4］弗雷德里克·马特尔.论美国的文化［M］.北京：商务印书馆，2013.

［5］王名，朱晓红.社会企业论纲［J］.中国非营利评论，2010，6.

［6］杨仁忠.公共领域论［M］.北京：人民出版社，2009.

［7］俞祖成.日本NPO法人的监督体制及其启示［J］.中国社会组织，2013.

［8］俞祖成.日本"新公共性"指向的NPO政策体系分析［J］.中国非营利评论，2011.

［9］郑海鸥.遗产保护，让共享观念内化于心［N］.人民日报，2015-6-18.